BUZZ

MARCOS ROSSI

O QUE É IMPOSSÍVEL PARA VOCÊ?

BÜZZ

Publisher ANDERSON CAVALCANTE
Editora SIMONE PAULINO

Projeto Gráfico DANIELE GAUTIO
Revisão MARCELO LAIER e DANIEL FEBBA

Dados Internacionais de Catalogação na Publicação (CIP)
(Câmara Brasileira do Livro, SP, Brasil)

Rossi, Marcos
O que é impossível para você?/Marcos Rossi
São Paulo: Buzz Editora, 2016.
192 pp.

isbn 978-65-86077-54-4
1. Crônicas brasileiras i. Título.
16-07832 cdd-869.8

Índices para catálogo sistemático:
1. Crônicas: Literatura brasileira 869.8

Buzz Editora Ltda.
Rua: Do Rócio, 463
cep: 04552-000 São Paulo, SP

[55 11] 4301-6421
contato@buzzeditora.com.br
www.buzzeditora.com.br

Agradeço a Deus por colocar pessoas tão boas em minha jornada, sem as quais eu talvez não tivesse chegado até aqui:

Minha esposa Lucimeire, que sempre me deu suporte, muito amor e em vários momentos me ensinou a "pisar no freio" e a enxergar as coisas de uma outra forma. Minha perfeita e eterna namorada, companheira de aventuras e carnavais.

À minha mãe por ter me guiado e apoiado durante décadas mesmo nos tropeços da vida.

Ao meu pai, meu melhor amigo, que há 10 anos, no momento mais importante, quando decidi cumprir minha missão de vida e ensinar as pessoas a alcançarem seus sonhos através de minhas palestras, me incentivou, acreditou em mim e fez o seu máximo para que esse sonho desse certo.

Aos meus filhos, por me fazerem querer ser melhor a cada dia.

Aos meus amigos e irmãos de vida: Fábio, Paulinho, Alexandre, José, Weslley, Fernando Herrmann, Alessandro e Priscila, Didi, Maurício, Bruno Guazzelli, Sergio Pato, Rodrigo Pescador, William Spinetti, pelas muitas vezes que me deram aquele empurrãozinho para que meus sonhos se concretizassem.

Ao meu ciclo de mentores: Professor Mário e Orlando, do Conservatório Souza Lima; Aldo Novak, que através de seus ensinamentos me proporcionou abrir os olhos da minha mente e me fez conhecer Rosana Braga, que por sua vez, me recebeu em seu programa de entrevistas e me apresentou ao mundo como palestrante, quando ainda nem era esposa do Rodrigo Cardoso, que me ensinou como ser um "ultrapassador de limites" e a vencer minhas barreiras internas, além de ter me apresentado aos mestres dos livros, Anderson Cavalcante e Cintia Dalpino, que acreditaram e materializaram o sonho de construir este livro.

Eu amo todos vocês!

Eu me sentia como se estivesse sendo arremessado.

Meu coração disparou. Eu suava frio.

"Como assim, sair daqui?"

Aquele momento tinha sido adiado por muito tempo. Eu já estava com 32 anos. O que era um milagre e tanto, já que, quando criança, os médicos tinham previsto que eu não passaria dos 30. Trinta e dois anos e morando com a mãe. Ou melhor, num apartamento ao lado do dela. Mas sob sua supervisão. O cordão umbilical era mantido, não havia segredos entre nós. Era uma dependência que não me incomodava. Pelo contrário.

Só que minha mãe me deu um ultimato. E era difícil ter de lidar com mais uma mudança. Mais um desafio. Acontece que esse era dos grandes e vinha num momento inesperado. Como eu, sem pernas nem braços, iria sair dali para outro lugar? Como iria me virar sozinho? Como andar com as minhas próprias pernas, sem as ter?

Sem saber, ela estava promovendo o maior case de superação da minha vida.

Eu me sentia como na primeira vez que tinha surfado. O tempo parou por alguns instantes. Uma gota de suor escorreu da minha testa e aquela sensação ficou ainda mais forte. Fechei os olhos. Respirei fundo. Quase pude sentir a brisa do mar. As ondas arrebentando. Eu sendo levado por amigos, com medo e ansiedade, para depois da arrebentação. Na praia, dentro do mar. Era ali que aquela sensação me fazia mais potente. A adrenalina me fazia tremer. Eu estava sobre a prancha, apoiado com as muletas. As pessoas olhavam.

Como um cara sem braços e pernas ia surfar? Como ia se equilibrar?

Eu também não sabia, mas ia. E se essas perguntas não tinham resposta até então, os caras que apostavam que aquilo ia dar certo, me levaram para depois da arrebentação e deu pânico e prazer. Pânico e prazer. Como isso podia se misturar? Era um momento em que eu sabia que tudo poderia acontecer, mas tinha de confiar. Confiar que as coisas sairiam do jeito previsto. Confiar que, caso eu virasse da prancha, conseguiria prender a respiração pelo menos por um minuto até que alguém me virasse. E confiança era mais ou menos a base da minha vida. Confiar no destino, em Deus. Confiar na Vida e em todo mundo que vivia ao meu redor.

Eu acreditava, desde pequeno, que acreditar era o primeiro passo antes que algo pudesse acontecer. Que a fé movia montanhas eu não tinha a menor dúvida. Mas será que sabíamos mover as montanhas certas? Será que todos tinham noção desse potencial infinito e ilimitado?

Eu confiei.

Confiei como jamais tinha confiado na minha vida. Cada minuto era valioso. Era importante. Era necessário. E minha vida era um não aos desperdícios. Principalmente à maneira como os minutos eram desperdiçados. Aquele minuto até ser resgatado. Ali, naquele mar, fechei os olhos e imaginei a coisa acontecendo. Essa era a força que me movia. Era assim que fazia tudo acontecer. Acreditando e me movimentando na direção certa. Seria a primeira vez que eu surfaria. Aquele momento era histórico. Épico. De repente escuto aquela voz.

"MARQUINHOS, É AGORA"..

E aquela frase me remeteu a um outro episódio da minha vida. Um dia que eu tinha relembrado tantas vezes que já sabia contar com riqueza de detalhes.

Eu tinha treze para quatorze anos quando fui expulso pela primeira vez do colégio. Coisa de menino que apronta. Da primeira arte a gente nunca esquece. Todo mundo jogando giz na cabeça da professora enquanto ela escrevia na lousa. Quando ela se virou, nervosa, para penalizar o autor daquele massacre, perguntou, aos berros, quem tinha sido.

Eu logo me adiantei: "Foi eu professora". Só que a brincadeira, ao mesmo tempo que fez meus colegas rirem, custou caro. Ela sabia que eu era o único que não podia ter feito aquilo por não ter a mão. Quando ela falou que ia chamar o segurança, fui na frente até a porta da sala, travando a saída dela, diminuindo a velocidade, até que a cadeira parasse. "Acabou a bateria", falei. Aquilo foi praticamente cutucar uma onça com vara curta – e gerou a minha primeira suspensão, da qual nunca vou esquecer.

Na segunda traquinagem, recém-motorizado com a minha cadeira de rodas, eu corria pelo corredor, mesmo sob os avisos dos guardinhas, e ia de encontro com o bebedouro, que ficava no final do percurso. Ao invés de diminuir, conforme eu me aproximava, eu acelerava. E mesmo sem saber o porquê, aquilo me fazia feliz. Só que, certa vez, a velocidade acabou sendo alta demais, e dei de frente com o bebedouro, que quebrou e jorrou água pra todo lado. O bedel não mediu esforços para me denunciar para a diretora, que, ao ver meu histórico, me expulsou da escola sem dó nem piedade. Conto isso pra mostrar que nunca me fiz de vítima em nenhum momento. Pelo contrário. Sou bem normal e adoro brincar a respeito da minha situação.

Nas palestras que dou, costumo dizer que hoje os casais têm em média um filho e meio. Quando li o resultado dessa pesquisa achei curioso. E pensei: "eu sou o meio". Mas nunca fui metade de nada. Pelo contrário. Desde sempre, era um cara bem inteiro em tudo que fazia. Às vezes a intensidade era tanta que parecia uma potência ainda maior do que quem anda por aí de corpo inteiro e mente vazia.

Brincadeiras à parte, aos treze anos eu já tinha uma curiosidade voraz por sexo. E aos quinze, quando descobri que teria de fazer uma cirurgia na qual a probabilidade de que eu saísse vivo era de 10%, minha única preocupação era não morrer virgem. Sim, eu teria que fazer uma cirurgia. Sim, eu podia morrer nela, e as chances eram tão grandes que me faziam pensar naquela coisa de último desejo. Mesmo que eu não acreditasse de fato que passaria dessa pra melhor num instante tão previsível como uma cirurgia.

Afinal, o que um menino de quinze anos pensaria? Sexo era uma fantasia que me deixava praticamente alucinado. Não tinha praticado. E não tinha como desfrutar daquele prazer que os meninos da minha idade já conheciam, por terem outras partes do corpo ajudando no processo.

Claro, eu me preocupava com a tal da escoliose, aquela doença maldita que entortava a coluna e fazia com que ela inclinasse tanto que havia o risco de que meus órgãos vitais fossem perfurados pelas costelas. O médico dizia que eu podia morrer se não enfiasse uma haste de aço na coluna vertebral para que ela não entortasse mais. E sair da sala de um médico ouvindo isso é dose. Colocar a haste também seria. Mas isso eu descobriria depois.

O agravante é que eu não podia perder sangue, já que um sangramento poderia ser fatal por causa da minha anatomia. Mas eu sabia que ia ficar vivo. Essas coisas de vida e morte não eram muito misteriosas pra mim. Mas desde sempre tinha certeza de que viveria intensamente cada momento que estivesse dentro do meu corpo. E por mais que ele não pudesse me proporcionar 100% de tudo, pelo menos eu usaria todos os recursos à minha volta para que minha passagem pela Terra fosse espetacular e sem limites.

Era assim que eu pensava, desde jovem. Era assim que eu vivia a minha vida. Era assim que eu tinha me acostumado a ser. Esquecendo que existiam limitações físicas. Aliás, elas de fato não existem. Mas, aos quinze anos, eu não conhecia nenhuma teoria que comprovasse isso. E nem tinha tanta audácia assim. Só queria fazer sexo antes de morrer. E isso era uma regra tão clara para mim que não tinha como escapar.

Eu tinha nascido com uma deficiência rara, que era conhecida com o nome complicado de Síndrome de Hanhart. Eu basicamente não tinha – e nem tenho até hoje, porque não nasceram até agora – braços e pernas. E prestes a marcar a cirurgia fatídica para aplicar a tal haste na coluna, em que eu pensei? Em sexo.

Meus amigos da minha idade também pensavam. Talvez não com tanta curiosidade. Mas eles não iriam morrer tão cedo, e tinham braços e mãos caso quisessem experimentar sensações sem uma presença feminina. Eu não.

Das limitações mais difíceis, essa entra para a lista dos *top five*. Querer fazer uma coisa e realmente não poder porque precisava da presença de uma segunda pessoa me fazia querer bater a cabeça na parede. Era diferente de comer, fazer xixi, tomar banho. Cuidados básicos dos quais eu dependia de algumas pessoas.

Eu já tinha visto algumas fitas de vídeo com conteúdo pornográfico. Sabia o que se fazia nessas horas. Ao contrário dos cadeirantes com membros inferiores paralisados, eu sentia meu órgão sexual pulsando. E não poder tocá-lo me deixava tenso demais. Jovens tensos fazem bobagens, eu sei. Mas a tensão sexual de um garoto na puberdade é quase explosiva. Pra não dizer outra coisa.

Falei para minha mãe que eu não queria morrer virgem. Simples assim. E ela ficou calada. No fundo, ela tinha medo que eu morresse na sala de cirurgia. A verdade é que ela temia que aqueles 90% de chance de óbito fossem reais e que ela realmente pudesse perder seu filho.

Minha mãe tinha preocupações naturais comigo. E aquela talvez nunca tivesse passado por sua cabeça. Enquanto imaginava o desfecho daquela cirurgia, eu aparecia com aquela indagação curiosa. E complicava tudo para ela. Pensei que não fosse ser ouvido, que não fosse sequer receber qualquer resposta, mas ela chegou dias depois.

Depois dessa conversa, que mais pareceu um monólogo, ela não disse mais nada. Porém, menos de uma semana mais tarde, colocaram uma roupa bonita e perfume em mim para que eu fosse levado ao médico. Médico? Eu sabia que tinha alguma coisa bem estranha naquela visita ao médico. Quem me levaria seria um grande amigo da família que também andava de cadeira de rodas; aliás, ele era a referência masculina de cadeirante que eu tinha na infância. Um motorista estava a postos para me levar à visita. O tal médico era indicação deste amigo da família e a desculpa que deram para nossa saída foi que eu ouviria uma segunda opinião.

Fui pensando durante o percurso no que eles estariam tramando, mas todo mundo estava quieto e ninguém dava nenhuma pista. De repente, senti algo estranho no ar: esse meu amigo disse que precisaríamos fazer um desvio de percurso para pegar algo na casa de uma amiga.

Sem entender o que ia acontecer, fui levado pelo motorista até a porta de um *flat*. O motorista me sentou em minha cadeira de rodas, e meu amigo deu a desculpa de que ele me levasse primeiro, pois afinal não caberiam duas cadeiras de rodas no mesmo elevador. Claro que não desconfiei de nada naquele momento. Tudo parecia estar em ordem. Esperamos alguns segundos no corredor até que a porta se abrisse. Naquele instante, eu soube o que esperar da vida.

Sim, eu merecia ter aquilo que sonhava. E ela era loira, voluptuosa e tinha um vestido preto e justo que marcava sua cintura e deixava suas coxas saltarem diante dos meus olhos. A medicina que me desculpe, mas aquilo era muito melhor que qualquer remédio. Seu perfume era adocicado e ela jogava os cabelos e as palavras de um jeito que qualquer menino de quinze anos ficaria hipnotizado. Antes de ir embora, o motorista foi enfático ao dizer: "Cuida bem dele".

Eu me despedi do motorista. Já tinha entendido o recado. E se nosso amigo achava que meu último desejo podia ser satisfeito por uma garota de programa, quem era eu para duvidar? Eu definitivamente não iria morrer virgem, e minha primeira vez seria inacreditável.

A primeira coisa que ela fez, depois de se despedir do motorista e fechar bem a porta, foi me tirar da cadeira de rodas. Mas ela parecia não ter muita prática naquilo. Só fui perceber que ela também era atriz quando encenou uma falta de jeito para me jogar na cama e cair em cima de mim.

Aí ela ganhou o Oscar.

Não me esqueço de uma fração de segundo desse dia. Foram cinco horas intensas aprendendo absolutamente tudo sobre a anatomia feminina, sobre os prazeres que meu corpo proporcionava, e sobre os que eu poderia sentir. Naquele dia entendi que meu corpo era uma máquina das boas, que eu também poderia proporcionar prazer, e que eu poderia passar o resto da vida fazendo aquilo. Isso é, se eu sobrevivesse à tal da cirurgia.

Saí dali pisando em nuvens. Ou melhor, flutuando sobre elas, já que era a cadeira de rodas que me levava.

Quem diria que uma visita ao médico seria tão prazerosa.

Os dias que se seguiram, e os que antecederam a cirurgia, foram mais tranquilos do que eu poderia imaginar. Embora eu estivesse preocupado, algo me dizia que eu não morreria ali.

As chances de que tudo desse errado eram de 90%.

Na minha vida, as chances de que as coisas dessem errado eram muito grandes, mas eu sempre desafiava todas elas. As pessoas constantemente me diziam para eu tomar cuidado. Ousadia era uma característica forte da minha personalidade da qual eu não abria mão. Eu era faminto para degustar a vida. Para devorá-la. Tinha certeza que não era por acaso que nascera desse jeito. Precisava fazer acontecer. Precisava provar para todo mundo que os limites eram amarras mentais, que as circunstâncias sempre nos apontariam para negativas óbvias, mas que a nossa mente... ah, ela podia ir além daquilo. Além das crenças, dos medos, dos porquês. E, assim, mesmo me vendo numa situação de tudo ou nada, admiti que queria viver. Minha força era maior que meus medos. E eu tinha que admitir. Não acreditava que morreria ali, tão jovem.

Tinha jogado com o lado psicológico da minha mãe, porque eu acreditava, de fato, que minha vida seria longa. Que eu teria data e hora certa para morrer. E que teria ainda muita coisa para viver, aprender e experimentar.

Entrei na sala de cirurgia, fechei os olhos e um filme da minha vida passou em instantes. Eu tinha quinze anos.

Quem morre com quinze anos?

"MARQUINHOS, É AGORA" - disse uma voz que parecia vir de longe.

"MARQUINHOS, É AGORA".

Comecei a tocar. Eram 170 ritmistas num silêncio angustiante, enquanto eu era observado e avaliado.

Minha intenção era ser integrante da bateria. E a escola de samba X-9 Paulistana tinha topado o desafio. Eu nunca tinha imaginado estar naquele lugar, nem com aquela turma toda me avaliando. E muito menos tinha a pretensão de fazer aquilo. Mas um grande amigo havia me provocado, enquanto estávamos num bloco de Carnaval. Quando ele perguntou "Por que você não toca numa escola de samba profissional, daquelas que desfilam num sambódromo? ", eu perguntei a mim mesmo "Por que não?". Essa era uma pergunta que eu costumava me fazer quando surgia qualquer desafio. E se tinha uma coisa na qual eu era viciado era em desafios.

Toquei sozinho durante trinta segundos. Foram trinta segundos de pânico e prazer. Eu não sabia que poderia sentir tanta coisa em tão pouco tempo. Que a música iria entrar pela minha corrente sanguínea e que eu precisaria rever meus conceitos de emoção depois daquela experiência. Depois de tanto esforço para aprender a manusear os instrumentos, eu era colocado à prova.

A adrenalina fazia meu corpo vibrar. Todas as células pareciam acompanhar aquele ritmo. Se eu pudesse descrever a sensação, diria que meu sangue corria sorrindo pelas veias e dava pulos de alegria quando o coração batia. O coração estava disparado. E o ritmo dele parecia sincronizado com o toque do instrumento. Tinha tanta vibração ali que eu pensei em dar nome a elas. Elas corriam pelo ar, reverberavam pelo tempo e espaço. Davam sentido para toda minha vida. Eu não precisava fingir que não estava emocionado. Tinha tanta vida naquela quadra que dava para perceber como as pessoas estavam apostando que eu desse certo.

Poucas coisas faziam meu coração disparar daquele jeito. Mas quando não faziam, eu procurava esse ritmo, essa batida perfeita que antecede uma grande superação. Era um vício? Talvez. Mas se assemelhava a uma grande etapa da minha vida – dessas que eu me orgulharia de contar algum dia para os filhos.

Enquanto encarava cada integrante da bateria, surpreso e boquiaberto, eu me lembrava da cara de espanto das pessoas que me viam segurar meu filho pela primeira vez no colo, ou ainda da feição daqueles que me viam pela primeira vez digitando, tocando um instrumento ou mesmo cantando na avenida Paulista. Vocês sabem, é aquela expressão "Como ele consegue?".

A expressão que atormentou toda a praia no primeiro dia que eu peguei a tão sonhada onda. Obedeci ao chamado "MARQUINHOS, É AGORA" e agi, apesar do medo. Eu e as muletas sobre a prancha. Como um tripé. Duas muletas na frente e o quadril para trás. Lembro da cara de quem assistiu aquele episódio, e via meus movimentos de ombro, jogando a prancha, colocando o peso para trás para tentar equilibrar o corpo. E quando me dei conta, lá estava eu, surfando. O vento batendo na cara, a onda arrebentando. Era uma sensação de liberdade. De superar mais um desafio. De vencer um medo, e me entregar à vida, mesmo com os perigos. Mesmo com os limites. Foram segundos que me trouxeram vida. Uma energia que eu precisava para ir adiante. A galera me pegou no raso. Comemoramos. E aquela sensação de vitória me fez entender que eu tinha que passar por tudo aquilo. Aquela comemoração dava sentido a todos os desafios.

"Marquinhos, você está me escutando?"

Eu estava. Estava ali, de corpo presente naquela discussão sobre sair de casa, diante da minha mãe, mas minha mente vagava. Viajava através do tempo e do espaço. Era como se algo dissesse que aquilo era a arrebentação, e quando eu passasse por ali, ia conseguir surfar a onda. Mas eu precisava passar por aquilo.

Esbocei um sorriso, como quem confia na vida. Lembrei-me do dia em que estava no *set*, debutando como *DJ* de uma casa noturna, e também da primeira palestra que dei para centenas de pessoas.

Estava na hora de enfrentar mais um desafio.

"MARQUINHOS, É AGORA".

Dessa vez a voz vinha do meu inconsciente. E ela sempre aparecia para me dizer o que fazer.

Eu revirava as minhas fotos de criança, numa tentativa de fugir daquela situação, e não podia acreditar no que estava acontecendo.

Era uma sensação absolutamente nova.

"*Marquinhos, você está me escutando?*", ela bradava, ansiosa pela resposta.

Sua expressão estava quase transfigurada. Ela tinha certeza do que dizia e eu não sabia o que imaginar.

Ser pai não estava nos meus planos naquele momento. Mas ela estava grávida. Ainda não éramos casados, tínhamos tido poucas relações, estávamos engrenando algo que parecia ser um relacionamento, mas... um filho?

Imaginei um menino.

Tudo mudava muito de repente na minha vida. Teria de lidar com novas coisas, com uma perspectiva diferente da vida. Com a possibilidade de cuidar de alguém. Eu seria pai. E ser pai não era tão fácil. Ser pai envolvia ter que pensar mais em outra pessoa do que em mim mesmo. Ser pai envolvia crescer. Ser responsável, ser provedor. Ser um modelo de pessoa.

Eu seria tudo aquilo? Eu teria capacidade de enfrentar mais aquele desafio?

"Marquinhos, você está me escutando?"

Eu estava, mas meu corpo parecia estar longe dali. Como se tivesse me teletransportado para outro tempo, outro lugar. Escutava e capturava as memórias que me traziam a mesma sensação. O mesmo sentimento. Mas em outra época da minha vida. Com tanta coisa que já tinha acontecido, eu refazia as sinapses do cérebro o tempo todo em busca de soluções para aquilo que às vezes me deixava apreensivo. Eu estava perdido. Era como se eu buscasse referências. Coisas que me dissessem que tudo daria certo.

Todo homem que já recebeu essa notícia deve ter sentido, no íntimo, um medo inconsciente. Junto com a felicidade, vinha o tal do senso de responsabilidade. Para mim era como um jogo que eu desconhecia completamente. Tinha minhas dependências e limitações físicas. Daria conta de ajudar a criar outro ser humano? Era informação demais para minha cabeça. E era a segunda vez que tinha aquele tipo de notícia.

Na primeira vez, com outra namorada, as coisas não tinham saído conforme o planejado. Ela perdera o bebê no início da gestação, e o sonho e o medo de ser pai tinham sido ceifados desde então. Quando eu me acostumava com a notícia, recebia a parte ruim dela, que levava junto todas as expectativas. Mas o destino queria me dar outra oportunidade de transmitir meus valores. E, apesar do instinto de reprodução ser um dos mais fortes de todos, eu ainda tinha receio de como encarar a paternidade.

Olhei as fotos. Elas me remetiam a um passado distante. Um passado onde eu ainda era filho. Onde as preocupações não chegavam a me incomodar. Na foto, eu estava com pouco mais de cinco anos, vestido de palhaço. Era uma simples criança querendo participar, ter acesso a toda diversão que as outras poderiam ter. Eu só queria ser alguém que desfrutasse as mesmas sensações. E isso era perfeitamente possível.

Aquilo parecia tão distante, e ao mesmo tempo, tão presente. Uma memória faz isso com a gente – dá uma revirada em tudo que a gente acredita. Traz novos elementos, faz a gente puxar informações escondidas na caixa de Pandora, a fim de ter munição para aceitar certas realidades que ainda não sabemos como vão se apresentar.

Eu estava ali, diante da notícia de que teria um filho. Em condições normais, um filho já é uma transformação e tanto. Para mim era mais um grande desafio. Aquela onda que vem e a gente não sabe se vai se afogar ou se vai surfar a melhor onda da vida. Um divisor de águas para muita gente.

Tinha amigos com filhos. Sabia que não era assim tão simples. Ao mesmo tempo, tinha plena certeza de que a maneira como eu encararia aquilo faria toda a diferença.

Quais recursos eu teria para lidar com aquela nova realidade?

As imagens se embaralhavam na minha mente, *flashes* das brincadeiras de criança. Momentos curiosos que me mostravam que eu era capaz. Momentos que diziam mais que qualquer palavra. Traziam cheiro, cor, esperança. Mostravam que as dificuldades estavam na mente. Que o jeito como eu sempre tinha lidado com as transformações fora determinante para mudar a minha maneira de viver, de celebrar a vida.

Celebrar a vida. Era isso. Um filho me traria a oportunidade de celebrar a vida como eu jamais tinha feito antes.

Meu coração foi se acalmando, mas ainda pulsava descompassado. Era como se alguém injetasse adrenalina nas minhas veias e eu tivesse que suportar uma alteração maluca antes de dar pane total. Era diferente de tudo que eu tinha vivido até então. As fases da vida foram indo e vindo e eu buscava cada uma delas na memória. Meu olfato não me traía. Ele acompanhava cada imagem mental e aos poucos eu redescobria minha infância através do cheiro de cada pedacinho dela. Cheiro das minhas comidas favoritas. Cheiro dos lugares que tinha estado. Cheiro do perfume da professora do primário que sempre se aproximava de mim com o intuito genuíno de me ajudar, olhando como quem sabe que eu podia mais, trazendo confiança. Esse era o olhar que eu precisava. O olhar de um anjo, como a me dizer "VAI MARQUINHOS". Vai que as coisas estão sob controle. Por mais que na vida nada esteja.

Eu me peguei lembrando da primeira vez que joguei futebol. Era criança, e seria o atacante do time. Sem nunca ter jogado. Tinha medo, mas ela me olhou. A professora do cheiro bom. Me olhou e fez sinal para que eu fosse adiante. Era uma espécie de carta branca para que eu pudesse confiar em mim do jeito que precisava fazer. Entrei em campo, com minhas duas muletas encaixadas nos braços e respirei fundo. Tinha adversários maiores do que as pessoas poderiam supor. Meus amigos queriam que eu jogasse, mas meus medos jogavam contra mim naquele momento.

Quando o jogo foi iniciado, comecei a correr. Olhando hoje em perspectiva, eu era algo como um *Forrest Gump* descontrolado. Mas sem pernas. E com aquelas muletas pequenas em substituição. Corri sem medo de que ninguém me olhasse. Corri além das minhas humildes capacidades. E, ao correr, percebi que as capacidades e limitações que eu achava que existiam, na verdade estavam na minha cabeça.

A professora lançou um olhar e eu aceitei, finalmente, que estava pronto para o jogo. A bola começou a rolar e eu ia atrás dela como um profissional no meio de um campeonato mundial decisivo. Era como se o mundo parasse para me olhar. E a magia que me acompanhou naquele momento seria difícil de ser explicada pra qualquer um, pois ela trouxe um bocado de sorte. Uma prece atenta, talvez. A torcida daquela professora. Um desejo oculto meu de conseguir impressionar a todos. E principalmente de sair dali dizendo pra mim mesmo que eu podia.

Eu podia.

Quando a bola finalmente veio parar diante de mim,

todos se entreolharam. Com rapidez, sem pensar nos movimentos, sem calcular o que faria em seguida, driblei um, driblei dois e fui parar diante do gol. O gol parecia gigantesco, aliás, o que não parecia gigantesco para aquele menino com duas muletas? E era improvável que eu acertasse a bola ali dentro. O goleiro parecia muito maior visto de perto. Era um gigante diante de um portal. E eu me acovardei naquele segundo. E então eu senti. Senti mais uma vez o cheiro da tinta molhada da parede da quadra que a gente estreava. E eu ali correndo em direção ao gol. Eu e a bola. Tentei raciocinar, mas uma criança sente mais que raciocina. Criança é puro instinto. Criança era aquilo que eu era e que seria mesmo quando ganhasse anos de experiência. Uma pessoa que não vê limites nos sonhos, que é maior do que qualquer um pode imaginar.

E eu intuía que era capaz de fazer aquele gol. Como se o mundo estivesse televisionando aquele evento, como se a arquibancada estivesse cheia, com todos os holofotes voltados para mim. Eu brilhei. E, brilhando, entendi que podia ser bem maior do que eu era. Entendi que não precisava acreditar na limitação. E precisava fazer aquilo acontecer.

E quando a gente quer provar algo a nós mesmos, a briga interna é muito grande. Desde cedo eu já encarava meus demônios. Desde criança sabia que teria que enfrentar a voz que ficava na minha mente tentando me provar o contrário daquilo que eu acreditava. Só que, naquela cena, não havia nenhum limite. Nada que eu não pudesse realizar. Eu via o gol. Já conseguia sentir a rede balançando, antes mesmo de jogar a bola. No entanto, na vida real, quando a gente pensa demais, dá espaço para os monstros virem destruir nossos sonhos. E foi o que aconteceu comigo.

Naquele momento, um menino do outro time surgiu, assim, do nada, diante de mim. Era como se ele soubesse que podia acabar comigo. Com meus sonhos. Como se soubesse que o fato da sua presença ameaçadora me dar náuseas já conseguiria me desestabilizar. Era como se seu sorriso pudesse me deter. E ele conseguiu pegar a bola. Sem rodeios. Sem vergonha. Sem piedade.

Eu não queria piedade. Não queria pena. Lembrei de todas as vezes que lutei contra isso. De quantas vezes minha mãe tinha enfrentado preconceitos para que eu fosse tratado como igual na escola, de como tinha persistido até achar alguma que me acolhesse e não fizesse diferença.

Do que eu estava reclamando? Agindo assim, ele só mostrava que me via como um adversário à sua altura. Não era o que eu queria? Ser tratado como uma pessoa sem deficiência? Fiquei pensando que ele poderia ter facilitado. Mas talvez, se naquele grande jogo decisivo para mim, ele tivesse facilitado, as coisas hoje não fossem como são. Eu não queria facilidades geradas por olhares de piedade. Queria enfrentamento, coragem. Queria gente que me olhasse e topasse um desafio.

Por bem ou por mal eu conseguiria isso. E inconscientemente ele fez com que eu me tornasse mais forte. Dizem que os sofrimentos vão talhando a gente, que tudo aquilo que passamos na vida são coisas que nos dão potência, se conseguimos sair do papel de vítimas e nos transformamos.

Aquilo ia me transformar.

Mas calma. Eu ainda era um menino. Um menino não vislumbra tão longe assim, nem tampouco tem pensamentos tão elaborados. O que eu queria era ganhar o jogo e dar um drible bem dado pra ele ver onde tinha se metido. Eu queria ganhar. E minha gana ia além de qualquer coisa. E se suas pernas eram maiores que a minha, sua determinação não era tão grande.

Munido de uma força de vontade absurda, usei um recurso disponível naquele momento. Sem pensar, usei a muleta a meu favor. Consegui a bola de volta, num drible histórico. Alguns viram, outros não, mas a verdade é que enfiei a muletinha na canela do menino. Eu não entendia muito de ética naquela época, mas uma coisa eu já sabia: iria fazer as minhas próprias regras. E se ele ia usar a grande perna, eu iria usar a minha muleta. Oh se eu não ia!

Ouvi o som das palmas. Ouvi as crianças gritando ao fundo. Já não havia nada que pudesse me deter. Eu era uma espécie de ícone corredor que tinha um ego inflado. Se existisse um Pelé por perto, ele se curvaria naquele momento. Ninguém entendia tanto de força de vontade como eu. Era uma coisa inexplicável. Ainda mais pra alguém com aquela idade.

Naquele dia nasceu algo em mim. Uma vontade de mostrar que tudo era possível, que uma boa dose de ousadia pode atacar qualquer limitação.

Eu não teria limites. Não teria limites que me distanciassem dos meus sonhos. Não escutaria aquelas vozes que tentariam me impedir de fazer algo. E nenhum perna de pau poderia me fazer encurvar ou desistir de sonhar.

Os limites sempre existiriam. E nem sempre as pessoas seriam legais comigo. Mas eu faria o possível pra driblar quem estivesse na minha frente.

Olhei para a nossa professora, que sorria, de longe, como se dissesse "você pode", orgulhosa do meu feito, e percebi que era aquele olhar que eu queria receber dali em diante. Não merecia olhares de pena, de quem achava que eu não poderia ser feliz.

Eu podia o que eu quisesse. O campo, naquele instante, ficou pequeno demais para minha determinação. A bola foi rolando, direto para o gol. O tempo parou por alguns segundos até que ela sacudisse a rede.

Então, tudo passou em câmera lenta. As pessoas correndo em minha direção, o time todo me levantando e percebendo que só dois ou três eram necessários para me colocar no ar, já que eu era levinho. Acima de tudo, eu era um herói. Ali, de cima, celebrando aquela pequena vitória, eu sabia que estava comemorando muito mais que um simples gol no time do recreio. Estava comemorando uma superação. Estava provando para mim mesmo, e para os outros, que as capacidades não dependiam dos fatores físicos.

Pois eu era capaz.

Aquele gol foi o primeiro. Mas foi o mais marcante. Tempos depois, eu já marcava gols de bicicleta, segurava a bola com as muletinhas, jogava-a para cima, o corpo pra trás e fazia um gol. Depois dele, vieram outros, e foram tantos, que me tornei o atacante oficial do time e goleador.

O que poderia parecer um fenômeno, tinha se tornado simples. O que parecia impossível, tinha se apresentado como apenas um dos desafios que eu iria transpor. Era como se a vida me mostrasse, através dos obstáculos, que eu tinha realmente uma maneira de superar tudo aquilo que as pessoas viam como impossível.

O impossível não existiria mais. Era uma barreira que alguém tinha inventado pra fazer com que os homens não sonhassem.

Eu não seria uma vítima do destino, nem me comportaria como tal. Não me lamentaria das minhas condições. Nem diria que não podia fazer qualquer coisa. Eu mostraria para mim, e para todos que cruzassem meu caminho, que não existem limitações para quem tem vontade. Eu era pequeno demais, mas sabia o que queria.

Sendo carregado pelos colegas do time, a minha sensação era de que tínhamos a taça da Copa do Mundo. Eu tinha algo que muita gente com pernas e braços não tinha. E aquilo ninguém poderia tirar de mim.

Eu tinha vontade de viver. Vontade de viver a vida e de me fartar dela. Vontade de dar o melhor de mim e acreditar que as coisas eram possíveis. Determinação não se compra. E antes que houvesse a força do pensamento positivo, eu já acreditava – e muito.

Era como se todas as células do meu corpo dissessem isso. Como se minha alma tivesse acordado com força pra me deixar ainda mais vivo. E quando eu me sentia mais vivo, sorria internamente e ganhava um impulso extra. Eu ficava autoconfiante. Eu não via limites.

Com aquela lembrança, a química do meu corpo se alterou de repente. Sabia que lembranças faziam isso com o corpo. Eram capazes de fazer com que nos sentíssemos capazes ou derrotados. E eu me sentia capaz.

Eu seria um bom pai. Depois de algum tempo eu já sabia disso. Existia uma força cósmica universal que me impulsionava.

Não era mais aquele menino falando. Era um homem que teria um filho. Era um homem que tinha superado poucas e boas, lutado contra a morte em diversas ocasiões, que vira de frente alguns empecilhos pequenos e outros quase intransponíveis. Eu era esse cara. E estava disposto a encarar mais um desafio.

E ser um bom pai estava além de ser o provedor. Um bom pai dá ao filho aquilo que ele precisa: força pra continuar. Ele não alimenta apenas a barriga. Nutre os sonhos. Faz com que a criança caminhe sem olhar pra trás até conseguir impulso para voar sozinha. O vôo poderia ser maior, mais leve. O voo poderia ser do jeito que eu quisesse.

Não impediria meu filho de sonhar. Nem de voar com suas asas. Não diria a ele que não tivesse fantasias, que certas coisas pareciam impossíveis, que fizesse silêncio. Não tiraria o espaço sagrado da imaginação, da criatividade. Não mataria os sonhos.

Percebi quantas vezes eu ouvira, ainda criança, que devia ficar quieto, ficar em silêncio, que tinha que ficar calado. E sorri, porque na mesma medida, muitas vezes transpus os limites que me foram dados, justamente por não acreditar que eles existiam.

Meu corpo, de repente, ficou leve. E transbordou de uma felicidade que me fez chorar. Eu ia dar uma continuidade a tudo aquilo. Eu podia transmitir os valores que eu conhecia. Eu ia encorajar meu filho. Dizer a ele que nada, nada era impossível. Bastava tentar. Bastava acreditar.

Via amigos que tinham crescido engessados, prisioneiros de crenças que não eram deles, que viviam acreditando naquilo que os outros diziam que era possível. Com desejos que não eram seus.

E pensava que a maioria dos seres humanos limitados que eu conhecia não tinham nascido com limitações. Tinham sido tolhidos. Massacrados pelas verdades dos outros que teimavam em os limitar. Elas tinham sido impostas. Pela escola, pelos pais, pela sociedade. Por olhares que julgavam os outros serem ou não capazes.

Aceitar que eu podia criar um filho era mais um desafio. Mais uma maneira de dizer para mim mesmo que aquela criança poderia ter tudo que quisesse.

Sorrimos um para o outro. Era um riso meio nervoso, mas cheio de esperança.

Por um momento me lembrei do olhar daquela professora enquanto eu corria no campo para marcar meu primeiro gol. Senti seu cheiro. Ouvi o som da sua voz. Era uma melodia.

Aquele seria um grande desafio, mas não seria o primeiro.

E certamente não seria o último. A vida ainda traria muitas surpresas. Me deixaria em queda livre. Me faria chorar e sorrir. E me arrepender depois. Mas nada me faria parar, nem qualquer força que porventura quisesse me destruir.

Eu seria forte. E ser forte significava ir além de simplesmente me superar. Ser forte era saber lidar com as limitações e entendê-las. Sem me vitimizar.

Tentei brincar com aquele momento, dizendo que eu não podia passar a mão em sua barriga, mas que poderia ouvir a batida do coração do meu filho. Não era a primeira vez que brincava com isso. Às vezes eu dizia que se tivesse braços daria um abraço. Em outras, que se tivesse mão, colocaria a mão no fogo por certa pessoa.

Então rimos, juntos. Primeiro foi um riso de alívio. Por acreditar que tudo poderia correr bem. Depois houve um riso descontrolado, que deixava o desespero ir embora, que trazia a alegria de volta.

Era um riso provocado pela loucura que nos

condicionamos a sentir pela vida. A loucura de não viver cada segundo que se apresenta.

Era assim que eu embarcava na viagem mais louca da minha vida. Eu ia ser pai. Quem diria...

Li aquele *e-mail* duas vezes para ver se estava entendendo seu conteúdo.

"Acho que não vai dar", começava a resposta do gestor daquela área.

Meu coração começou a palpitar.

A resposta continuava, com as mesmas justificativas:

"O candidato não possui um dedo da mão", e por fim escreveu"... *a área exige muita digitação. Acredito que ele se encaixe melhor em outra área"*.

Deixei aquele *e-mail* aberto. Eu estava trabalhando no setor de recrutamento e seleção de um dos maiores bancos do Brasil. E justamente na área de inclusão. Inclusão de pessoas com qualquer tipo de deficiência. Tinha começado na área de relações trabalhistas, onde ficara por três anos. No início, trabalhava apenas seis horas por dia. Mas os desafios foram superados pouco a pouco.

Naquela época eu já era um advogado formado. Tinha feito faculdade de Direito e tinha um diploma que não me servia para muita coisa, já que eu não tinha vontade de advogar. Só que, no banco onde trabalhava, tinha um desempenho impecável. Minhas avaliações eram ótimas. O rendimento era perfeito. Eu fazia as coisas 'apesar de' minhas limitações físicas. E não usava absolutamente nada como justificativa para não executar qualquer tipo de trabalho. Quem me via digitando, escrevendo com a mola, ou logo depois, com a mesa um pouco mais alta, entendia que eu faria qualquer coisa para chegar onde queria chegar.

Até que um certo dia um dos diretores me chamou. Ele dizia que eu tinha potencial e poderia trabalhar na área de recrutamento e seleção de pessoas com deficiência. Seu projeto era ousado – teríamos o desafio de promover a inclusão de deficientes. E eu parecia a pessoa mais indicada para aquilo, já que algumas estatísticas diziam que muita gente com deficiência já desistia na fase inicial da seleção, por se sentir incapaz logo na entrevista. Me ver ali naquela posição já representava um empoderamento para os deficientes, que teriam na minha figura uma prova de que seriam capazes de qualquer coisa. Ou pelo menos de mais do que imaginavam ser capazes.

Resolvi aceitar sob uma condição – que eu pudesse trabalhar oito horas por dia, como qualquer outro ser humano normal.

Ele relutou. Acreditava que se eu ficasse sentado por muito tempo poderia ter algum problema na coluna. Mas eu insisti. Era questão de honra assumir aquele cargo, tendo a mesma carga horária dos outros funcionários.

O único empecilho, na época, quando pedi uma carga horária maior, era que teria que fazer xixi no banco. Aqui cabe um parêntese – eu segurava a urina todos os dias durante seis horas para dar tempo de chegar em casa e alguém me levar ao banheiro. Mas durante oito horas seria impossível. Talvez, até aquele momento, ninguém tivesse percebido que eu não ia ao banheiro.

Mas voltando ao *e-mail*, foi assim que cheguei lá. Diante daquele *e-mail*.

Já estava fazendo o recrutamento de novos talentos há alguns meses. E tinha dado de cara com um funcionário apto a trabalhar em determinada área.

Eu já tinha contratado inúmeras pessoas com deficiência. E era sempre um desafio provar para os gestores de cada área que isso era possível. As limitações estavam sempre nas mesmas crenças limitantes dos próprios líderes que achavam que eles não seriam capazes de dar conta das tarefas.

E aí eu me deparava com aquele *e-mail*. De um gestor recusando um funcionário por não ter um dedo. Sentado diante do computador, sem os braços, meus olhos chegaram a tremer enquanto eu me lembrava de como tinha começado a escrever sem ter as duas mãos.

Como ele recusava o cara só porque ele não tinha um dedo?

Fiquei perplexo, e ao mesmo tempo, viajei no tempo. De repente eu era aquele Marquinhos, frágil, que pedia espaço para ser aceito.

Minha mãe tinha tido a preocupação de não me colocar em escolas para portadores de deficiência. Ela queria que eu me desenvolvesse como as outras crianças. E quando a professora começou a nos ensinar a escrever, ia de aluno em aluno segurando cada mãozinha.

Como a instituição de ensino não tinha a mínima experiência em lidar com crianças com necessidades especiais, aquele seria um imenso desafio.

Como ensinar uma criança sem dois braços a segurar um lápis?

Foi quando minha mãe teve uma ideia – ela amarrou o lápis com durex no meu braço. E do mesmo jeito que a professora segurava a mão das crianças, ela segurava meu braço, para que eu já testasse minha coordenação motora.

Foi assim que aprendi que a coordenação estava na cabeça, e não nos membros. O primeiro rabisco. A primeira letra. A primeira palavra se formou.

Começou a aventura de descobrir cada letra, cada palavra. De ir adiante em algo que nem em sonho sabíamos que seria possível, o que me deixava mais forte, mais confiante. Era tempo de aprender.

Nesse tempo, a escola, minha mãe e a professora firmaram uma parceria. Eu dava meu melhor e cada um estava ali para fortalecer aquilo que eu acreditava. Para não me fazer duvidar. Para me tornar capaz.

Quando você acredita em algo, e as pessoas ao seu redor não duvidam que aquilo é possível, a força fica muito maior. E a probabilidade de dar certo aumenta. Hoje existem até estudos que comprovam essa teoria – de como alguém acreditar na sua força pode te fazer se enxergar de outro jeito. E eu sabia que era uma pessoa capaz. Só precisava que os outros também acreditassem nisso.

E talvez o maior obstáculo que tenha encontrado ao longo da vida tenha sido a limitação da mente das pessoas que não acreditavam no impossível. Pessoas que não davam uma chance para o diferente, que não conseguiam lidar com o que vinha fora da curva.

Então, aquele *e-mail* era mais que um desafio. Era um desafio maior que escrever. Era desafiador desconstruir as limitações na mente das pessoas que nada enxergavam além do óbvio.

Eu tinha vontade de escrever tudo aquilo. De dissertar sobre as dificuldades que encontrara ao longo da vida e de como estar ali provava que eu era capaz. Mas aí me dei conta de que aquele cara com quem eu estava conversando por e-mail nem sonhava que estava lidando com uma pessoa nas minhas condições.

Eu nem deveria estar puto. Tinha que conversar com ele, ir lá e mostrar do que uma pessoa podia ser capaz sem um dedo ou sem todos eles.

Numa empresa grande como a que eu trabalhava, era comum que respondêssemos *e-mails* para gente que nunca tínhamos visto na vida. Entendi que o gestor não havia feito por mal; ele simplesmente tinha dito aquilo que achava de acordo com sua experiência de vida. E eu sabia que seria melhor marcar então uma reunião presencial a tentar provar através de argumentos que aquele candidato selecionado era apropriado para a vaga.

Solicitei a reunião e fiquei olhando para a minha mesa

de trabalho. A única diferença era que minha mesa tinha 90 cm de altura. Não havia nenhuma grande dificuldade. Eu digitava com as pontas dos braços, e na mesma velocidade que qualquer um. Tinha sido um treino. Um exercício. Eu tinha tido a chance de provar que era capaz. E as pessoas mereciam ter a mesma chance.

Nada tinha sido fácil. Mas eu tinha aprendido que reclamar não mudaria nada. Lamentar sem tentar resolver era um verdadeiro tiro no pé, ou melhor, no pneu da cadeira de rodas! Em qualquer situação. E era comum que eu me deparasse com pessoas que acreditavam não ser capazes de certas coisas, sem ao menos tentar. Elas viam a dificuldade e não seguiam adiante. Elas paravam no meio do caminho e deixavam que a vida seguisse seu curso. Elas deixavam de ser extraordinárias.

Sempre achava que Deus tinha feito a gente para sermos felizes. Não conseguia acreditar nem entender quando via as pessoas desmotivadas, sentadas diante do sofá vendo a vida passar, com tanta coisa esperando por acontecer. Não conseguia entender porque tantas desculpas prontas, tantos "nãos", que partiam delas mesmas. Por medo. Medo de tentar, medo de mudar, de arriscar, de se decepcionar.

Era um desperdício de vida. E vida era uma coisa que eu não queria desperdiçar. Tinha nascido de um jeito diferente de todo mundo, mas merecia passar pela vida intensamente. Eu tinha o desejo de viver. Um desejo que era maior do que o de muita gente. Talvez porque eu valorizasse demais cada conquista.

Pensei em todas as soluções que tinha inventado ao longo da vida, em todas as possibilidades que eu encontrara quando via que existiam recursos disponíveis ao nosso redor. Era como se um luminoso acendesse na minha cabeça, mostrando a frase de Einstein:

"Não pretendemos que as coisas mudem se sempre fazemos o mesmo".

A minha luta estaria apenas começando naquele banco. Era questão de honra lutar por aquelas contratações. E se eu estava ali, era por um motivo. Não acreditava em coincidências, e não sabia explicar o porquê. Sabia que cada um tinha um destino a cumprir. Uma missão que tinha sido dada lá na hora do nascimento, e que nos acompanhava, fazendo nosso coração bater até a hora da morte. Esse era o maior desafio. Viver e fazer tudo aquilo que estivesse ao nosso alcance para melhorar a nossa própria vida e a de quem nos cerca.

Eu sabia que teria um grande trabalho a fazer pela frente. Mas precisava acreditar. Enquanto esperava a reunião começar e o mandachuva daquela área chegar, fiquei pensando se meu plano daria certo. Também tive medo. O plano nem era tão ousado ou sofisticado, mas era diferente de tudo que eu já tinha feito. Mesmo assim decidi arriscar.

Foi quando comecei a lutar contra um sentimento de rejeição que começou a invadir meus pensamentos. Assim, eu me vi de novo como uma criança na porta da escola. Uma criança rejeitada, que não era exatamente benquista nas escolas. Um menino da quarta série, que percorria todas as escolas da cidade ao lado da mãe para poder ser aceito. Eu podia ouvir a voz da diretora recusando a minha matrícula e dizendo: *"ele pode assustar os coleguinhas"*.

Logo que ouvi aquela sentença, fiquei pensando em como poderia assustar alguém. Como eu, uma criança inofensiva, que só queria ter as mesmas oportunidades que as outras, poderia ser uma ameaça para a escola? Eu era pequeno, e lembro daquela dor. Daquela sensação de impotência. De querer dizer que eu era igual a todo mundo e que o corpo era só uma veste, que nem uma roupa que usamos para sair. Por dentro todos éramos iguais. Eu ainda não podia falar aquilo, porque não entendia direito, mas sabia que era exatamente o que sentia. Não me via diferente, nem especial. Mas jamais me considerei assustador.

Era como se o fantasma daquele passado me assombrasse. Em instantes, eu era aquela criança.

Ali, esperando ser atendido pelo gerente da área que contrataria o cara sem um dedo, eu vacilei. Tantos nãos. Tantas desculpas. Tantas portas fechadas. "*Não temos infraestrutura para receber uma criança nas condições do seu filho*", disse uma das mulheres que não deixou nem que pisássemos no saguão principal. A outra, não menos gentil, mas com a mesma frieza, disse que o único elevador que possuíam era o da diretoria e que se ele fosse utilizado todos os dias, haveria um aumento considerável de energia elétrica.

O mais curioso era que a escola era religiosa, e as freiras pregavam a aceitação, a igualdade, o amor entre irmãos, mas rejeitavam um ser humano porque não queriam pagar uma conta de luz mais cara. E as negativas continuavam. As portas iam se fechando na nossa cara, mas aquilo não desencorajava minha mãe, que lutava para que eu crescesse em condições de igualdade. Seria mais fácil ter me colocado numa escola para portadores de necessidades especiais? Sim, mas será que eu me desenvolveria da mesma forma? Eu entenderia tudo aquilo que ela queria que eu entendesse? Que eu deveria receber o mesmo tratamento que qualquer pessoa?

"*Ele te espera na sala de reuniões*", disse a secretária do gestor.

Lembrei-me de entrar na secretaria do Pueri Domus, escola que finalmente tinha me acolhido como aluno.

Pensei no universo de possibilidades. Nos "nãos" que recebera ao longo da vida, mas principalmente nos "sims" que me davam força para entrar ali naquele instante. Eram os "sims" que se tornaram meu principal motivador. Eles também tinham sido muitos. E se naquela hora eu olhasse para o copo meio vazio, iria fatalmente me sentir uma vítima da situação. E eu já tinha calibrado minha mente para ser sempre positiva.

A coragem da minha mãe em buscar uma resposta sempre me inspirava. Pensei nela. Em como fora forte, persistente e como me conseguira me passar essa característica, dentre outros valores. Eu entrei na sala dele com essa convicção. Esse gestor seria convencido de que um funcionário sem um dedo não era exatamente um problema para o seu departamento.

Quando entrei ali, ele ficou estático. Posicionei minha cadeira diante de sua mesa, bem organizada, com algumas pastas empilhadas ao lado do computador e um porta-retratos de seus dois filhos. Com os olhos arregalados, fixos em mim, sem mexer qualquer músculo da face, ele deve ter refletido sobre seu *e-mail*.

Para quebrar o gelo, eu me apresentei e começamos a conversar sobre a contratação do funcionário sem um dedo. Ele ainda não parecia ter absorvido tudo que vira.

Comentei com a voz firme: *"Olha para mim. Você acha que eu digito? Eu digito. As marcações, as confirmações de entrevistas, os e-mails. Eu escrevi tudo aquilo"*.

Ele continuou sem palavras. Sua voz parecia entalada na garganta. Seus argumentos caíram por terra.

"Qual o problema de contratarmos o candidato para o cargo já que ele possui as competências para isso?".

Ele ainda parecia surpreso demais para argumentar. Estava tentando raciocinar. E eu parecia confundir suas ideias.

"Quantos dedos você usa para digitar?", perguntei, como se precisasse fazê-lo refletir a respeito.

"Tem razão. Uso dois dedos", afirmou um tanto constrangido. *"Como se diz na linguagem popular, costumo digitar catando milho"*.

Não posso afirmar com todas as letras, mas aposto que vi seus olhos marejados. Um olhar arrependido, uma sensação de ter sido injusto. E, logo depois, um suspiro. Um agradecimento. Ele me pediu desculpas e admitiu que estava errado.

Entendi que tinha feito a coisa certa. Talvez aquela missão fosse realmente um grande desafio. Eu já tinha conseguido me incluir no mercado de trabalho. Meu desafio era incluir as outras pessoas. A maioria tinha medo até de passar na porta do RH e receber um olhar enviesado.

Foi assim que terminamos nossa conversa. Foi assim que ele concluiu que poderíamos tentar. Foi assim que saí dali com a sensação de que tinha marcado mais um gol. Que tinha surfado outra grande onda. Era aquela mesma sensação de vitória. De ter vencido uma barreira. Eu estava viciado na onda de prazer que aquela vitória provocava.

E não ia parar.

Acordei da cirurgia e respirei fundo. Fazer parte dos 10% de probabilidades era algo grandioso. E se haviam 90% de chances de que eu morresse naquela cama, eu não tinha sobrevivido à toa. E sobreviver não era uma palavra que eu aceitava com facilidade. Não gostava de sobrevivência. Queria viver com gana. Com vontade. Agindo, lutando, perdendo e ganhando. Quem sobrevive só aceita a vida passar. Sem muitas quedas. Sem muitas vitórias.

E ter acordado significava que a cirurgia tinha sido bem-sucedida. A escoliose tinha ido embora, eu não tinha tido nenhuma hemorragia. Agora podia comemorar e viver a possibilidade de desfrutar tudo aquilo que tinha vindo fazer.

Ah, é claro, eu podia fazer mais sexo.

Não era o momento, mas lembrei do meu último desejo. Tinha sido atendido. E eu ia viver muito para ter outros momentos de prazer.

Mas as pessoas me olhavam de um jeito estranho naquela sala de recuperação do hospital. Tinha uma frieza que ia além da cor das paredes, daquela assepsia toda.

"Está tudo bem?", perguntei meio ressabiado. Era jovem, mas conseguia decifrar olhares. E o olhar da minha mãe não era exatamente o que eu queria ver naquele instante. Ela estava estranha. Estranha o suficiente para não conseguir me encarar, nem falar comigo sorrindo. Eu ainda estava meio grogue por causa da anestesia e não conseguia raciocinar direito.

"Filho...", minha mãe tentava dizer.

E o médico continuou dando as instruções, deixando claro que eu não podia mais dobrar a coluna da cintura para cima.

"Para a sua coluna não voltar a entortar, eles amarraram uma haste de aço cirúrgico e cimentaram com pó de osso para calcificar. Você não pode mais andar de muletas", ela disse.

Tentei me mexer e não conseguia. Pensei na morte. Pensei que estava tudo acabado. As aventuras, os esportes. Com as muletas eu conseguia fazer muita coisa. E a partir daquele dia eu teria que usar apenas a cadeira de rodas. Não seria tão simples.

Por que eu não tinha morrido então? Por que viver sem poder desfrutar a vida? Como eu iria me movimentar? Por que as coisas tinham ficado ainda mais difíceis? Já não estava complicado o suficiente? Aquele novo desafio me dava medo. Tinha sobrevivido a uma cirurgia complicada, mas o resultado era que me tornara um boneco. Duro. Sem movimento. E com muita vida pela frente.

Como continuar? Fechei os olhos. Nada era tão simples. Nada era do jeito que planejávamos. Mas desde meu nascimento não tinha sido assim? Surpresas, desafios e superações diárias?

Naquele dia seis de fevereiro, quando meus pais tinham entrado na sala de cirurgia, minha mãe não pressentia que algo poderia sair bem diferente do planejado. Ninguém poderia prever aquilo. Quem espera que um filho possa trazer tantas surpresas?

Meu pai, ansioso ao lado de fora da sala de cirurgia, enquanto minha mãe era preparada para a cesárea. E eu, pronto para vir ao mundo. Só que meu nascimento pareceria mais uma série desastrada dos Trapalhões. O obstetra que fez a cesárea desmaiou de susto assim que viu que eu não tinha todos os membros. A sorte é que a enfermeira me pegou a tempo. O centro cirúrgico entrou em polvorosa. Era uma emergência médica para atender o próprio médico. E quem entrava naquele centro cirúrgico não conseguia entender muito bem o que acontecia. Um médico estatelado no chão, uma mulher sedada, uma criança sem os braços e as pernas. Era muita informação para saber por onde começar e como agir a partir de então. Só que aquela cena curiosa era apenas o começo.

Logo que meu avô soube da notícia, ainda no corredor do hospital, caiu desacordado no chão. Já tínhamos uma segunda vítima do meu nascimento.

Meu nascimento provocara um desconforto, um medo, chacoalhava as ideias pré-estabelecidas das coisas. Era como se todo mundo precisasse se preparar para aquilo. Justificar algo. E nem a minha própria mãe, que me carregara durante nove meses, podia saber o que tinha acontecido. Era uma espécie de desgraça. De situação inusitada. De transformação de tudo aquilo que era tido e havido como natural na vida. Eu era o novo.

Enquanto as enfermeiras sedavam minha mãe para ganhar tempo de dar a notícia a ela, minha família procurava maneiras de contar aquilo. Como um filho tão esperado poderia crescer sem membros tão importantes para seu desenvolvimento? Como lidar com aquela situação? Como ele se desenvolveria? Claro que, como qualquer mistério, esse era mais um que ficaria um bom tempo sem respostas.

E ela continuou sendo sedada, para que não acordasse e perguntasse de seu filho enquanto minha família tentava encontrar coragem para entender tudo aquilo e avisar à mãe o ocorrido.

Foi meu pai quem deu a notícia. Ele estava convicto de que não tinha como adiar aquele momento. Ele entrou no quarto acabrunhado, com uma expressão sombria e triste. Ela sacou na hora. Mães sentem. Elas sabem quando alguma coisa está fora do curso natural da vida. Elas simplesmente sabem. Alguém estava omitindo algo.

"O que aconteceu com o Marcos? Ele é normal?"

Era uma pergunta improvável. Como ela sabia que podia ter algo diferente na história? Meu pai titubeou. Antes de falar qualquer coisa, disse algumas palavras para amortecer a dor.

"Você tem que ser forte."

"Como assim, eu tenho que ser forte?"

A partir daí as coisas aconteceram num outro ritmo. Era como se as imagens andassem em câmera lenta. Pelo menos é como me contavam desde que eu era pequeno. Com riqueza de detalhes, e pausas dramáticas em momentos específicos. Aquele evento nunca tinha sido tratado como um tabu.

"O nosso filho nasceu sem braços e pernas".

Ela ficou em estado de choque.

De fora, as enfermeiras ouviam os gritos daquela mulher. Era um choro causado pela revolta, pela tristeza, pelo medo de não saber como seria o futuro. O medo depois de uma expectativa de nove meses gerando uma criança e a imaginando-a 'perfeita'.

Quando se recompôs, depois de muito tempo tentando assimilar a ideia de ter um bebê naquelas condições, que cresceria em uma situação diferente de vida, ela finalmente resolveu pedir que me levassem até ela. Precisava respirar, sentir seu cheiro. Olhar em seus olhos. E sabia que seria apenas uma questão de tempo que se apaixonasse.

"Me traz ele aqui", ela disse depois de alguns minutos. Tinha se recomposto, estava mais calma. E uma ansiedade nervosa misturava tudo. Sua cabeça não conseguia raciocinar direito. Mas queria seu filho. Queria tê-lo perto dela. Queria compensar o tempo perdido e dar todo amor do mundo para uma criança que não carregava culpa nenhuma.

Meu pai suspirou. As enfermeiras me prepararam

e embrulharam dentro de um pacotinho para entregar à minha mãe. Suas lágrimas corriam, mas ela não conseguia conter a felicidade:

"Ele é lindo!"

Os dois se encararam.

"Vamos dar todo o apoio, e ele vai ser criado como uma pessoa normal", ela concluiu.

E aquele decreto se fez como um mantra para sua vida. Desde então ela jamais viu aquela criança como uma criança incapaz. Talvez até a noite em que brigamos e saí de casa, ela não pensara duas vezes justamente porque sabia do que eu era capaz.

Nos dias que se seguiram, os amigos e familiares foram digerindo a notícia. A aceitação da minha mãe fez com que as pessoas entendessem de forma mais branda. Mesmo assim, todo mundo evitava falar sobre aquilo. Era um assunto meio proibido, meio difícil. Era um assunto a ser evitado. Daqueles que as pessoas não sabem bem o que dizer. Não sabem se lamentam, se ficam resignadas ou se tem esperanças.

E quando abri os olhos na sala de hospital depois de uma cirurgia na qual eu tinha o risco de morrer, pensei em tudo aquilo. Pensei em quanta coisa minha família já tinha enfrentado. Em quanta coisa eu já tinha vivido desde a hora que sai do ventre da minha mãe.

Relembrar uma história que havia me sido contada na infância era uma espécie de bálsamo. Recontar um sofrimento quase sempre traz muita dor. Mas depende muito da maneira como ele é recontado. Todo mundo passa por dificuldades na vida. A diferença é como as ultrapassa. Tinha gente que gostava de ficar preso ao problema. Gostava de relembrar, numa espécie de massacre aos próprios sentimentos, só para se sentir uma vítima, um coitado, digno de pena por ter passado por determinadas situações.

Outros viam o sofrimento como um combustível. Eram aqueles que extraíam tudo que tinham aprendido com o obstáculo e conseguiam disparar a partir dali.

Era uma força que movimentava as pessoas. Uma força que fazia com que seguissem adiante. Essas pessoas até se lembravam dos momentos difíceis, mas com orgulho, porque sabiam que eles tinham talhado uma personalidade. Sabiam que as dificuldades tinham dado o impulso para que seguissem adiante.

Naquele dia, eu fui um desses caras. Eu me vi ali, imóvel com a haste de aço na coluna, mas não me vi incapaz. Não me vi limitado. Eu me vi renascendo, com uma chance única de continuar vivendo.

Se minha mãe tinha sido capaz de digerir o nascimento de um filho sem pernas e braços, sem nem saber o porquê de tudo aquilo ter acontecido, eu era capaz de andar sem as muletas e enfrentar de cabeça erguida a nova realidade que se apresentava.

Era só um renascimento.

Mais um, dentre tantos...

Estávamos em uma rua próxima à avenida Paulista. Um lugar que muitos diziam ser a avenida mais movimentada da cidade de São Paulo. Com tanto movimento, nem sempre quem se aproxima de nós é a pessoa que queremos. Às vezes a gente tem de lidar com o fato de que nem todo mundo pode ajudar. E tudo bem. Ninguém é obrigado a nada. Mas não estou falando de me ajudar a sair do metrô, ou me dar um copo de água na boca. Estou falando de salvar minha vida. Se você visse um cara ensanguentado precisando de ajuda, faria o quê?

"Eu não vou sujar meu carro de sangue".

Foi essa a sentença do taxista. Eu estava casado, minha esposa grávida de oito meses. E aquelas palavras ecoavam em meus ouvidos. Era como se mais uma vez eu tivesse que lutar contra a morte. E eu estava exausto.

A chuva começou a cair forte. Eu sentia o cheiro do sangue. E também o gosto do sangue. Meu nariz estava quebrado. Meu rosto estava vermelho. Eu tinha vontade de gritar por ajuda, mas não queria deixar a situação ainda pior. Tudo doía.

"Moço, por favor!", ela gritava com a mão na barriga, como se de repente um puxão fosse fazer sair a criança que nasceria no mês seguinte.

Ela era minha mulher. Estava com oito meses de gestação do nosso primeiro filho. Tudo aquilo acontecia com velocidade. Se fosse um filme, seria a cena de ação, suspense e tragédia que mexe com o emocional de todo mundo que está vidrado na tela. Se fosse um filme, como eu realmente acredito que minha vida seja, aquele instante seria o minuto que quem não consegue ver sangue tamparia o rosto. O taxista saiu. Voou. Sumiu. Disparou. E não me socorreu.

E aquela noite de domingo começava a ser assustadora demais para parecer real. Era como um pesadelo. Eu não podia perder muito sangue. E eu tinha a impressão que estava desfalecendo. Qualquer hemorragia, nas minhas condições, podia ser fatal. E não sei exatamente o motivo, mas era como se todo o sangue do meu corpo estivesse esparramado na calçada e eu fosse perder a vida em segundos. Talvez seja assim que a gente vê as coisas quando está em perigo. Pelo menos, era o jeito que eu me via enquanto ela estava ali, esperando meu filho.

Tudo tinha começado com um passeio. Eu, ela e a barriga. Final de gestação. Planos e sonhos. Planos e sonhos que podiam estar sendo despedaçados por um único instante. Naquela noite, conversávamos tranquilamente ao voltar para casa. Quando o bebê nasceria? Ríamos.

Os planos eram muitos. Tínhamos o nome, tínhamos a data prevista para o parto. Pensávamos em como as coisas tinham sido rápidas demais, mas ao mesmo tempo, em como nossa relação tinha progredido. Nos conhecíamos há pouco tempo, e nosso primeiro encontro tinha sido dentro de uma boate qualquer, onde eu fiquei apaixonado. O namoro tinha começado quase sem querer. Ela ia na minha casa, eu fazia loucuras para vê-la. E a gravidez tinha sido uma surpresa para ambos.

Naquela noite, minutos antes do desastre acontecer, vimos as nuvens se aproximarem. Começava a fechar o tempo, e como eu estava com minha cadeira motorizada, ela não poderia molhar. Minha cadeira andava sob o comando de um controle do tipo *joystick* que ficava do lado direito. Eu o apertava com meu braço e ia para onde quisesse.

Todos os dias essa era a minha rotina. Andava para onde quisesse, com uma cadeira motorizada, que se movimentava muito bem, e carregava durante a noite, como um celular.

Sem energia, eu não andava. As manutenções eram feitas no mesmo mecânico, o José, que era um amigo de longa data, porque fazia isso desde que eu era criança, quando as cadeiras ainda não eram motorizadas. Roda, engrenagens. Como um veículo.

"Vou indo na frente", disse, antes de ligar o turbo e partir pela avenida. Se molhasse a cadeira, corria o risco de perdê-la. E ela era cara demais para que eu pudesse comprar outra. Só isso poderia justificar o fato de eu ir para casa na frente e deixar minha esposa, grávida de oito meses, andando atrás.

A avenida estava escorregadia. A chuva já tinha começado. Mas a descida tinha uma grande surpresa – um desnível no meio da rua. Um daqueles desníveis que são que nem a vida – não avisam que hora vão aparecer. Quem nunca passou por eles? Aqueles momentos em que tudo parece bem, só que surge um imprevisto daqueles incontroláveis, que te fazem pensar em como as coisas estavam fáceis e você nem tinha se dado conta?

Lembro dos segundos que voei da cadeira, sem ter como nem onde segurar. E também me recordo a dor, o medo, a expressão da minha esposa, correndo com aquela enorme barriga até chegar perto de mim. Da cara das pessoas passando entre nós, sem ter a coragem de ajudar. Consegui balbuciar que ela ligasse para minha mãe e irmã, mas pela primeira vez em tantos anos eles tinham ido ao cinema e ninguém estava com o telefone ligado.

Os carros não paravam. O táxi recusava ajudar com a justificativa de que o sangue não era bem-vindo. Eu ali, inerte. Sangue escorrendo pelo rosto. Medo. Sentia o gosto da morte. Não que eu temesse a morte. Pelo contrário. Era daquelas pessoas que sabiam que quando a hora chegasse não tinha o que fazer. Mas não queria que fosse justo antes de conhecer meu filho. Será que eu tinha vivido até ali para não conhecer meu filho? Eu não teria a oportunidade de contar para ele tanta coisa boa que tinha feito na vida?

A chuva caía e eu sentia meu corpo ensopado. Queria fazer um sinal e não conseguia. Eu estava nervoso. Meus óculos estavam quebrados. Era tudo tão incapacitante que eu estava quase entregando os pontos.

É curioso como em certos momentos, quando a gente precisa lidar com alguns fatos da vida, chegam outros e nos fazem sumir por um tempo.

Naquela hora, com tanta água batendo no rosto, e a sensação de que não tinha controle de nada, lembrei do dia que caí do barco com meu amigo para um mergulho. Estávamos os dois sentados bem na beirada e eu precisava me entregar e jogar o corpo. Ali não havia possibilidade de ter medo. Mas o medo me consumia. Era a experiência mais louca que eu tinha me submetido e aceitado até então. Um mergulho em alto-mar.

Eu e esse amigo tínhamos desenvolvido a linguagem dos sinais para que pudéssemos nos comunicar debaixo da água. E isso tinha acontecido durante semanas e semanas de preparo. Mas como desenvolver uma nova comunicação? Como fazer aquilo, sendo que a maioria dos sinais eram feitos com as mãos?

Os sinais tinham sido recriados. Uma nova linguagem tinha sido estabelecida. E por mais preparado que eu achava que estivesse, mesmo já adaptado aos equipamentos, eu tinha medo de passar por aquela experiência na prática, no fundo do mar.

Alexandre era o nome do amigo que me colocara naquela situação. Terminando a faculdade de Educação Física, ele tinha como tema de conclusão de curso, o temido TCC, "Qualquer pessoa pode mergulhar, independentemente de sua limitação". E quem ele havia escolhido para comprovar essa teoria?

O posto de cobaia caíra como uma luva em mim. E eu não tinha pensado duas vezes antes de aceitar o desafio. Juntava a fome com a vontade de comer. Criamos os sinais de piscar os olhos, levantar um braço ou os dois. Cada movimento trazia consigo um significado importante.

Havíamos feito alguns dias de treinamentos em piscinas e tanques de água doce até chegar ali. Eu me adaptara aos equipamentos e estava ansioso para a parte prática em alto-mar.

Costumo dizer que a vida nos presenteia quando agimos com coragem. E naquela experiência, enquanto eu procurava um patrocinador para custear o mergulho nas minhas condições, já que não era um esporte barato, e precisávamos de certos ajustes, fui convidado para participar do Teleton, um programa que arrecada fundos para a AACD.

Como eles queriam fazer uma grande reportagem comigo, o programa custeou um mergulho em Paraty, no estado do Rio de Janeiro. Foi ali que tudo aconteceu da maneira mais inesperada possível. Eu ainda não tinha ligado os pontos, mas começava a entender a lei da atração, na prática. Tudo que eu queria, o Universo dava um jeito de trazer para mim.

O barco navegou até um ponto onde era possível mergulharmos. Nós e a equipe de filmagem. O mar estava calmo, o tempo era favorável. Todo mundo que nos acompanhava já havia mergulhado várias e várias vezes. Mas o que fazer com o medo do imprevisto, do novo? O que fazer quando se sabe que aquilo pode ser um grande suicídio? Eu queria aventura, só que aquela em específico me dava dor de barriga.

Mas eu queria ir além. Sabia que podia. Sabia que era minha mente dizendo para eu ter cuidado. E que eu conseguiria fazer aqueles movimentos, aquele mergulho. Eu queria e precisava daquela experiência. Ela me faria sentir vivo. Capaz. Minha ansiedade podia ser sentida. E eu jurava que as pessoas conseguiam ouvir meu coração batendo, tamanha força e intensidade com que isso acontecia.

A paisagem era espetacular. Mas quem disse que eu conseguia prestar atenção em algo além do meu corpo tremendo? Tentei disfarçar sorrindo e contando algumas piadas desconexas.

Logo os motores foram desligados. Chegava a hora do mergulho. Naquele instante, se eu suspeitava que eles escutavam meu peito bater forte, tive a certeza.

Todos me olharam, sorrindo, confiando mais em mim do que eu mesmo. E aquela foi uma das poucas vezes que tive um incentivo tão grande da plateia – que senti olhares de "você consegue" superando aqueles que me observavam com dúvida ou acreditavam que existiam limitações. Era de novo aquela sensação do gol no colégio.

Colocamos o equipamento e o Alexandre sentou na beirada do barco para me segurar no colo e passar para os mergulhadores. Quando ele se inclinou, se desequilibrou e nós dois caímos na água. Aquilo sim tinha sido um grande imprevisto.

Entrei em pânico. O susto não dava trégua. Meu coração acelerava num ritmo descompassado. Passado o susto, começamos o mergulho. Um mergulhador segurava o cilindro que ia nas minhas costas, enquanto outro me acompanhava ao lado. Todos estavam atentos à comunicação dos sinais que tínhamos combinado.

Eu deixei que aquele medo se dispersasse e aprendi a confiar. Não era a primeira vez que precisava de confiança. E ela se mostrava eficiente justo nos momentos que mais tinha medo. Era complicado lidar com imprevistos. Mas era fácil confiar na vida quando tudo ia bem. Difícil era confiar que as coisas iam dar certo quando nada saía do jeito previsto.

Foi aí que confiei. Precisei dessa confiança. E ela sempre está ali dentro da gente, palpitando, esperando o momento de entrar em cena, quando a gente tem tanto medo que parece que ela vai desaparecer. Ela grita, se descabela. Pede atenção. É nela que a gente precisa prestar atenção quando acha que nada mais pode ser feito.

E quantas vezes eu já tinha vacilado antes de olhar para ela? Ali, em alto-mar, num mergulho preparado, mas que acontecia depois de um grande susto, eu sentia.

O medo foi embora, minha vista turva voltou ao normal e as cores começaram a ficar mais nítidas. Respirei devagar. A respiração tinha um papel importante ali. E como eu tinha que economizar oxigênio daquele pequeno cilindro, fazia uma respiração tranquila, forjada, mas que tinha me trazido aquilo que eu precisava – calma.

Os peixes, de tons dourados, azuis e alaranjados, desfilavam suas cores diante dos nossos olhos e me deixavam com a sensação de que tinha voltado a ser criança. Era uma criança que queria vê-los passar, pegá-los, senti-los.

Chegamos ao fundo do mar e demos de cara com uma imagem de Jesus Cristo chumbada na areia. Era uma réplica de quase dois metros de altura. Parecia um sinal. Um milagre. Uma benção que nos premiava pela coragem.

Aquilo tinha sido feito. Uma verdadeira cidade para atrair turistas e mergulhadores para aquele ponto no mar. Mas eu não precisava acreditar naquilo. Preferia entender como um presente divino.

Fiz uma oração de agradecimento. Eu tinha sido capaz de superar meus medos. De ir adiante mesmo acreditando que seria difícil. E agradecer me deixava mais perto de Deus. Quando eu sentia essa vontade de dizer"obrigado"por um momento qualquer, eu me sentia diferente. Era uma energia que invadia todo meu corpo.

Só que nem tudo foi perfeito do jeito que eu imaginava. Não que eu imaginasse que ia ficar tão bem. Só achei que não ia passar mal ali dentro da água.

Um frio começou a me perturbar. Meu corpo dava sinais de que eu não estava bem. Primeiro era só uma sensação. Talvez a descarga de adrenalina tenha sido grande demais, e com o relaxamento, vinha uma novidade inevitável. Os mergulhadores logo perceberam, mas eu não quis deixar que aquele sinal do corpo tomasse conta de mim. Aquele medo não poderia me deter.

Coloquei na minha cabeça que eu teria de enfrentar aquilo. Fingir não sentir não era a solução. Mas admiti que não estava tão bem e evitei imaginar que fosse alguma coisa ruim. Cerca de uma hora depois do mergulho, voltamos. Eu não tinha deixado que o medo me imobilizasse. E fiquei feliz por ter feito uma coisa que queria muito, apesar do medo insistente de que aquilo desse errado.

Quando o mergulho acabou, pensei em quantas vezes a gente não deixava de fazer coisas por medo. E acabava sentido reações físicas por causa dele. Esperando o pior, deixando de viver, de sentir. De desfrutar tanta coisa que o nosso corpo era capaz de proporcionar.

Eu não conseguia entender quando pessoas plenamente capazes diziam que não queriam fazer certas coisas por medo. Sim, claro que medo não se mede. Mas coisas que não trazem perigo não precisariam ser evitadas. E muita gente tinha vontade de fazer muita coisa, mas ficava atrasando a própria vida. Por medo.

Uma amiga minha era louca para pular de paraquedas. Ela sabia que a sensação ia ser incrível, que seu corpo pedia aquilo. Mas toda vez que se aproximava de um lugar onde poderia desfrutar aquela aventura, fugia dizendo que não seria capaz. Que a cordinha podia não funcionar. Mas pular de paraquedas era um medo comum e até previsível. Tinha gente que tinha medo de sair do emprego, mesmo quando ele era terrível e tóxico. Tinha gente que tinha medo de falar o que sentia, de resolver problemas, de se expor.

Antes de nascer a minha palestra, já tinha nascido em mim a vontade de falar sobre o medo e as limitações que ele trazia na nossa mente. E com o estado mental comprometido, ninguém consegue tomar uma decisão acertada.

"Marquinhos!", ouvi um grito forte. *"Vou chamar o resgate"*.

Senti o gosto de sangue. Acordei dos meus devaneios. Eu estava ali, estatelado no chão, sentindo frio. Em pleno asfalto. E tinha medo.

A atendente do resgate foi taxativa. Minha esposa tentava convencê-la a enviar um resgate, mas ela dizia que como era uma queda, a pessoa deveria ir caminhando até o hospital. Como eu iria caminhando para o hospital? Como me levantariam e me colocariam na cadeira? Eram tantas perguntas e minha cabeça já estava lenta demais para responder.

"Mas... moça..."

A explicação era lenta e didática. Minha esposa fazia o possível para manter a calma.

"Não, ele não anda". Não, ele não tem pernas".

E a conversa se estendia até que ela se convencesse a enviar uma viatura. Eu ouvia as pessoas murmurando coisas curiosas ao meu redor. Queria que aquela cena passasse logo. Só que a cada minuto mais gente se aproximava.

Meu tempo parecia estar se esgotando. Uns gritavam que eu perdia muito sangue, outros mandavam que ninguém me tocasse. Era um tal de palpite para todos os lados.

Até que parou um motoqueiro e saiu correndo para estender um guarda-chuva. Era como uma benção. Quase pude esboçar um sorriso. Só que ele se agachou e começou a rezar. Sim, ele começou a rezar.

Ao contrário do efeito esperado, comecei a entrar em pânico. Parecia que ele estava me dando uma extrema-unção, que acreditava que eu não sairia vivo daquela. Prestei atenção à reza dele. Tinha boa intenção. Era um coração cheio de amor de uma pessoa que não sabia como poder ajudar. Mas não era só de oração que eu precisava. Eu precisava de ação. E orar sem agir não ajuda muito em certas horas.

E era justamente isso que eu via em muitas religiões.

Gente que rezava, orava, pedia, mas não fazia nada para que as coisas mudassem. Achavam que Deus ia mandar uma ajuda, sem que fizessem nada. E não percebiam que Deus podia sim mandar a ajuda, mas que primeiro a gente teria que se movimentar para isso.

Se aquele aglomerado de pessoas estava ali, e a maioria delas temia pela minha vida, a coisa estava pior do que eu podia supor. Se eu falava tanto de medo, como estava com medo? Deveria sentir medo? Sim, mas naquela hora não dava para fazer muita coisa. Então comecei a entender a reza do motoqueiro. E rezei também.

Ali tínhamos uma consideração interessante. Na melhor das hipóteses, minha mulher entraria em trabalho de parto prematuro, assustada com o desenrolar dos acontecimentos.

Cerca de cinquenta minutos se passaram até que aparecesse alguém com coragem. E ela sempre vem de quem a gente menos espera. Uma senhora de idade surgiu com um cobertor e chamou seu marido com carro para que me levasse ao hospital. Era um gesto rápido, corajoso e que salvava a minha vida.

Um simples gesto que mudava toda a história. Quem sabe as orações do motoqueiro não tinham sido atendidas? E a partir de então eu poderia conhecer meu filho que nasceria um mês depois? Quantas horas esperaríamos o resgate se ela não tivesse tido aquela generosidade?

O hospital ficava a apenas uma quadra dali. Mas era uma quadra que separava vida e morte. E eu não estava sendo dramático, apenas realista. Logo eu, um cara tão otimista.

Naquela noite percebi como as pessoas podem trazer diferentes tons para nossa vida. Enquanto uma se preocupa em não sujar as mãos e o estofado do carro de sangue, outra se ajoelha diante dele para fazer uma oração. Outra tenta fazer o máximo que consegue para salvar uma vida.

Um táxi que não dava carona para quem precisava mais do que nunca era mais ou menos como a escola religiosa que não deixava a criança fazer sua matrícula ali apenas porque era diferente das outras.

São essas as contradições da vida. De quem só aceitava os perfeitos. De quem não abria a porta para quem precisava realmente de ajuda. Pois somos apenas pessoas. Cada um com suas limitações. E as limitações transcendem o fato de termos uma carcaça perfeita.

Arrisco dizer que prefiro ter nascido sem algumas partes do corpo a ser aquele cara que não ajuda alguém com medo de sujar o estofado de sangue. Ou que não matricula um aluno na escola porque não quer gastar mais energia elétrica no uso do elevador. Isso sim é limitação de verdade.

Quando chegamos no hospital, comemorei. Era uma pequena vitória. Lembrei mais uma vez do motoqueiro e de sua oração. Do mergulho em alto-mar, onde me expus a tantos riscos calculados que estremeceram minha alma.

E agradeci. Eu vivia.

O medo da morte nunca pode nos impedir de viver.

Eu suava frio. Era mais um daqueles dias que a gente acha que deu um passo maior que a perna. Mas não tinha como recuar. Aliás, passo nenhum seria maior que a perna que eu não tinha.

Brincadeiras à parte, eu daria a minha primeira palestra. E estava atrás da cortina que me separava do público que me esperava ansioso. Fechei os olhos e respirei fundo. Quem, em sã consciência iria imaginar que eu era o palestrante? O que as pessoas iriam dizer? Qual seria a reação do público?

Mas por incrível que parecesse, eu me sentia preparado pois havia sonhado com aquele dia. E mesmo tendo sonhado, antes que se abrissem as cortinas, veio aquele frio na barriga que congelava todos os meus órgãos internos. Era como se eu tivesse comido uma lasanha gelada depois de dois dias de estômago vazio e tomado um antiácido em seguida. Um *mix* maluco de sensações inexplicáveis.

Como eu iria me aventurar a dar palestras se eu tinha simplesmente pânico de falar em público? Sim, eu não sabia falar para mais de duas pessoas me ouvindo, e isso já vinha desde a época da faculdade. E muita coisa tinha se passado desde então. Eu era adulto, estava diante da maior oportunidade da minha vida, só que tinha pavor de imaginar como seria minha estreia. Nem imaginava se iria me apaixonar por aquilo ou sair correndo. Só saberia se experimentasse.

Então voltei a fita, rebobinei o filme. Ainda quando jovem, eu era um cara que se enfiava em qualquer canto pra não encarar um palco. De repente, lá estava o Marquinhos, na sala de aula da faculdade de Direito, muitos anos antes daquela experiência que transformaria a vida de tanta gente.

Enquanto o professor falava, pedindo a cada um dos alunos que explicasse sua teoria, o suor gotejava da minha testa . E não tinha como eu disfarçar, já que ninguém poderia enxugá-la.

"Marcos, qual sua opinião?"

E eu tinha uma opinião. Muitas opiniões. Mas só conseguia enxergar aqueles olhos – todos – me encarando. Aquelas pessoas virando o pescoço na minha direção.

Era como se eu tivesse num daqueles pesadelos que a gente tenta falar e não sai a voz.

"E... eu..."

O sinal tocou. Eu era literalmente salvo pelo gongo. Senti meu coração acelerar quando vi as pessoas levantando, sem qualquer sinal de respeito com o professor que não havia terminado a aula. Mas tudo bem. Eu apoiaria qualquer ato que me impedisse de falar em público.

Mas aquela não seria a primeira vez que eu teria que fugir de uma situação parecida. Dias depois, num trabalho em grupo, tínhamos que fazer uma explanação diante de todos os outros alunos. Só que meu intestino soltou, antes que eu chegasse à faculdade. Seria apenas uma coincidência, se isso não tivesse acontecido outras dezenas de vezes, sempre que havia trabalhos de grupo e tínhamos que estar ali na frente falando pra todo mundo.

Como a desculpa já parecia esfarrapada demais para se justificar uma falta, ela se sofisticou. E virou uma mentira. Num dia, uma tia distante tinha morrido, no outro, a prima do pai, no seguinte, a avó. Para os amigos da sala, eu era um cara azarado. Um cara que perdia membros da família com muita frequência.

Mal sabiam eles que era tudo fruto de um medo que eu não tinha enterrado. O medo de falar em público era maior do que eu. Não que eu fosse grande. Mas ele era um gigante.

O coração quase saltou do peito quando ouvi as pessoas chegando. Eu iria dar minha primeira palestra.

Mas como tinha ido parar ali? Quem tinha me colocado naquela fria? Fui recapitulando cada momento até chegar ali naquele palco.

Quase pude sentir o tom de voz do Márcio, se aproximando de mim como quem não quer nada, no meio do refeitório do banco num dia qualquer em que eu pensava mais uma vez como aquela comida estava salgada demais para o meu paladar.

Foi nesse dia que eu fui convencido a ser palestrante. E eu jamais cogitara a hipótese de fazer isso.

"Posso falar com você?", ele disse sem rodeios.

Sua expressão era de quem tinha acabado de ganhar na loteria. Sorri. Claro que podia. "Senta, puxa uma cadeira".

Algumas pessoas têm essa característica, a de serem especiais sem nem dizerem quem eram. Mas ele estava à vontade. Como se me conhecesse de longa data, como se frequentasse minha casa e participasse da minha vida.

Então, ele fechou a expressão. Como quem vai dizer algo sério demais para que o sorriso denuncie uma feição alegre.

Eu precisava escutá-lo? Eu poderia ter saído dali, mas queria ouvir o que tinha a dizer. E se fosse importante?

"Eu li a matéria sobre você na revista", ele começou.

Ufa.

"Era só isso?", pensei. Não. Tinha mais. O nome daquele cara que estava diante de mim era Márcio. Márcio Bernardes. Ou melhor, é, pois ele ainda vive e existe na minha vida. O que o Márcio contaria a partir de então, faria com que minha vida tomasse um rumo inesperado.

Minha vida ia passando em *flashes* enquanto ele ensaiava o que dizer. Eu imaginava que pudesse dizer qualquer coisa, mas não estava preparado para aquilo.

O número da tal revista que continha a matéria sobre mim já havia sido publicado há um bom tempo.

O que o faria lembrar daquela revista que a esta altura provavelmente já estava nas lavanderias das casas sob a urina fedida dos filhotes de cachorro? As pessoas que circulavam ao nosso redor não percebiam que aquela abordagem era importante. Nem eu sabia que era importante. E era.

"Então. Eu queria lhe dizer que aquela entrevista mudou a vida de toda a nossa família".

Ele ajeitou o corpo para a frente, inclinando o tronco, e eu podia jurar que estava vendo uma lágrima brotando dos olhos dele. Mas me concentrei nas palavras.

Ele dizia que no dia que vira a revista, levara cinco exemplares para sua casa. Sua família vivia num caos. Brigas constantes, descontrole em todos os níveis. As pessoas estavam perdidas, na vida pessoal e profissional. E ele entrara na sala de casa com cinco exemplares da revista, dando um para cada um.

"Vejam o que vocês estão fazendo com a vida de vocês. Olhem esse cara e a vida dele".

Obrigou todos a lerem a matéria sobre o tal do Marcos Rossi. Ficaram sérios de repente. Disse que era para cada um tomar vergonha na cara e ler a minha história de superação. Agora eu havia entendido aquela lágrima. Ela estava realmente saindo. E os meus olhos começavam a produzir algo parecido.

"Então, a partir daquele dia, tudo mudou. Todos mudaram o rumo das vidas. As pessoas entenderam o recado. E eu sou grato a você. Você mudou a vida da minha família com a sua história. Hoje todos os meus irmãos estão trabalhando e, acredite, compramos um apartamento juntos."

Tudo que ele dizia ia pingando na minha cabeça que nem café forte sendo preparado na hora. Era como se cada gota pesasse uma tonelada. E a força daquelas palavras me davam um certo desconforto. Não que fosse ruim, pelo contrário. Mas era como se abrissem compartimentos do meu cérebro e os preparasse para o que viria a seguir.

Como uma simples entrevista podia ter tido aquele impacto na vida daquelas pessoas? Como a minha vida podia ter sido tão inspiradora? O que eu fazia de diferente para inspirá-los daquela forma?

As questões passeavam pela minha cabeça e eu sentia vontade de correr, de pular, de gritar. Ficava feliz e assustado. Sabia que daria um grande salto a partir daquela conversa, assim como seus irmãos tinham dado. Mas não sabia onde ia parar.

Era um daqueles momentos em que eu não sabia como agir; somente entendia que estava lidando com o inesperado, e com uma coisa que ia além do meu controle. Meu cérebro parecia uma maquininha que começava a mexer as engrenagens.

Ele parou de falar e ficou me olhando. Dali viria uma nova informação. A proposta.

"Você já pensou em ser palestrante?"

Ele falou assim, numa porrada só. Senti uma pontada vindo do peito. O estômago fervendo. Imaginei aquele monte de gente diante de mim, o professor da aula de Direito chamando meu nome. Senti um embrulho. Era pânico.

"Não".

Ele insistiu. Parecia que insistir era sua vocação. Ele estava certo de que me convenceria a mudar de ideia. Ou pelo menos a pensar na possibilidade. Se sua família tinha mudado o rumo da vida a partir de uma entrevista num pedaço de papel, imagina o que poderia acontecer comigo pessoalmente inspirando pessoas?

Os argumentos eram bons. Eu sabia que muita gente se inspirava, se motivava. Mas não queria estar diante delas num palco. Achava que não era capaz. Era aquele medo de novo. Aquela coisa sombria que me afastava dos meus sonhos.

E se eu falava tanto de encará-los, era hora de seguir adiante. Seria fácil fazer coisas que não me metiam medo. Elas não me colocariam para a frente. Não me moveriam. Só que sair da zona de conforto exige mais que coragem.

Por mais que eu quisesse inspirar pessoas, tinha entendido as dicas do Universo. Saquei que era hora de dar aquele salto no escuro.

"Eu posso te ajudar. Vamos fazer um roteiro".

Foi o que ele disse quando sentamos para armar uma primeira palestra. E se eu achava que do dia em que conversamos para a parte prática teríamos grandes desafios, estava enganado. Em poucas semanas ele conseguiu articular contatos e conversar com a Liz Kimura, uma palestrante que falava sobre mapas mentais. Ela daria uma pequena palestra na sala de aula de uma universidade. Foi assim que ela cedeu um espaço para que eu falasse antes de sua palestra.

Tudo tinha acontecido assim, quase que da noite para o dia.

Sem roteiro, sentei com o Márcio para bolarmos algo. Ele compreendeu como me deixar menos inibido. O roteiro era construído como um *talk show*. Ele fazia as perguntas e eu ia respondendo. Assim eu não me perdia e não havia possibilidade daquilo dar errado.

Era como se Deus dissesse: "vai". E se eu não fosse, ele aparecesse na minha frente e dissesse "você é surdo?". E eu realmente tinha que colocar aquilo em prática.

Do dia em que falamos no refeitório para o momento que entrei na primeira palestra naquela sala de aula, tudo foi muito rápido. Entrei na sala com a barriga doendo, testa pingando. Travado. Parecia que eu estava pulando de um penhasco.

Mas aconteceu. A primeira palestra em público aconteceu. Numa sala de aula, ao lado do Márcio. Falei, segui o roteiro, respondi as perguntas e ainda arrisquei umas gracinhas para o público. Só que naquele instante antes da palestra de verdade num auditório, eu estava sozinho.

Seria a primeira vez que eu faria sozinho. Depois de alguns meses, o Márcio tinha deixado a parceria porque tinha muito trabalho no banco e não conseguiria me ajudar. Tínhamos feito umas três palestras juntos, mas ele tinha sacado que eu poderia seguir facilmente sem ele. E deu esse empurrão.

Ele literalmente era as muletas nas quais eu me apoiava. Sem ele, tive que saber me equilibrar e enfrentar aquela situação sozinho.

E eu percebi que teria que agir feito um palestrante se quisesse ser um deles. E já tinha inclusive mandado fazer cartões de visita como se fosse palestrante motivacional. Dias antes, munido dos cartões, fui até o lançamento do livro do Aldo Novak.

Naquele dia, entrei na livraria sem medo e levei todo o roteiro debaixo do braço e entreguei nas mãos dele. Contei meu desejo de falar com o público e motivar as pessoas. E as coisas aconteceram feito mágica. O Aldo falou de mim para a Rosana Braga, que tinha um programa de TV, e ela me convidou para dar uma entrevista, já como palestrante.

Naquele momento, a chave virou. Eu era quem eu estava destinado a ser. Era como se fosse empurrado para assumir quem eu era e seguir aquele propósito que me guiava. Era como se todos os acontecimentos que me levaram até ali tivessem sido orquestrados por uma força maior que guiava tudo. Era impossível recuar. E, mais do que isso, eu não quis recuar. Tinha medo, só que seguia com uma força interna maior, que me dizia que tudo ia dar certo.

Era como se eu já tivesse ultrapassado o medo. Já tinha dado um passo bem maior do que eu achava que podia. E então, tudo vinha acontecendo sem que eu pudesse impedir ou precisasse fazer grandes esforços para atrair.

Um curioso acontecimento em paralelo tinha feito com que eu ficasse ainda mais empenhado: a empresária do Aldo havia me convidado para jantar e mostrar o meu material.

E eu nem tinha *notebook* na época. O jeito era pedir um emprestado e fazer uma coisa estruturada no *power point.*

Ela e o Aldo tiveram paciência e generosidade para me atender. Mais que isso – os dois me deram as dicas mais preciosas que eu poderia supor. Uma verdadeira aula de um mestre na área de encantar.

Dizem que quando o discípulo está pronto, o mestre aparece. Eu me senti pronto, capaz. Mais do que isso, eu me senti poderoso.

Nessa altura do campeonato eu já tinha uma empresária. E ela era a mesma que a do Aldo. Eu era um profissional. Desde dia em que o Márcio sentou diante de mim no refeitório até o dia em que me vi ali sozinho antes de entrar num grande palco, uma transformação completa aconteceu.

Deixei de ser aquele menino que fugia do professor, amedrontado com pessoas e julgamentos. E passei a encarar o fato de que eu poderia ter o dom da palavra e impactar muita gente com a minha história. E, se essa era a minha missão, estava evidente demais para que eu fugisse dela.

Ouvi os aplausos. Ouvi meu nome sendo chamado. Meu coração saltou e eu apertei o botão. Aquela entrada seria a primeira de muitas. Era uma nova fase da minha vida. Como se aquela cortina representasse um véu que separava o Marcos de seus sonhos. Quem eu era? Quem eu tinha me tornado?

Quando a cortina se abriu, senti a energia. A energia de quem estava na hora certa, no lugar certo, onde realmente deveria estar. A energia que me movia a fazer aquilo que eu tinha sido destinado a fazer. A energia de gratidão por ter conseguido. Por ter seguido a minha intuição, os sinais, apesar daquele medo que fazia borrar as calças na faculdade.

Eu era um novo Marcos. Estava pronto para a vida que eu tinha escolhido. E preparado para mostrar o que eram limites de verdade. As pessoas estavam famintas por conteúdo, por vida. E me olhavam com admiração, respeito e generosidade. Eu tinha chegado lá. E eu queria inspirar pessoas, queria dizer a todas elas que o sofrimento era opcional, que existiam meios de se atingir os sonhos, e que eles estavam longe do medo. Queria dizer que cada um ali dentro tinha uma capacidade ilimitada de gerar possibilidades, de construir um futuro brilhante – e que ser brilhante não era o mesmo que ter sucesso. Aliás, que o sucesso era ser feliz.

Vi pessoas que pareciam deprimidas, sorrindo. Vi gente que vinha de longe, gente que começou a chorar. E, em sinal de gratidão, sorri. Antes mesmo de começar a falar, agradeci silenciosamente, em meu íntimo, por aquela oportunidade que se abria na minha vida. Agradeci por poder estar ali, diante de uma plateia, fazendo o que eu tinha sido destinado a fazer. Mostrar que as pessoas podiam ser mais do que eram, que podiam ir mais longe, que reclamações não traziam respostas, e problemas podiam ser a chave para que déssemos saltos incríveis de qualidade em nossas vidas.

"Oi, eu sou o Marcos."

A apresentação começou e eu fiquei descontraído como nunca. Tinha medo, mas tinha descoberto que aquele medo vinha porque eu não me comunicava com ele. Não o enfrentava. Não o entendia. Superar aquela barreira e entender que eu podia ir além era uma mágica que eu não sabia explicar. Mas que me dava força para chegar onde eu quisesse.

Não sei se foi nessa hora, ou se foi quando vieram os aplausos finais. Em algum momento, naquele dia, eu senti uma coisa diferente de tudo que havia sentido. Era como se eu estivesse 100% conectado com algo maior. Como se minhas palavras saíssem espontaneamente, vindas de um outro lugar. Era o tal estado de *flow*, de se fazer uma coisa com tanta energia e vontade, que eu não me esgotaria jamais.

Aquela palestra foi um alimento para a alma. E, em questão de segundos, pude perceber que eu tinha potencial para ir mais longe. Saí dali me sentindo um gigante.

Estávamos no banco. Aquele era o lugar onde eu passava oito horas do meu dia, todos os dias. Conhecia quase todo mundo do meu convívio. E sempre tinha a impressão de que todo mundo imaginava tudo que se passava na minha vida.

Naquele dia, estava num café da manhã com um dos diretores. As pessoas conversavam animadas. Era uma ocasião especial. Mas meu corpo começou a dar sinais de desconforto.

A mesa, posta, parecia impecável para receber o diretor do banco. Eu tinha sido escolhido para estar naquela manhã excepcional, com um café posto à mesa. Mas o que tinha sido um prêmio, tornou-se uma espécie de castigo.

Croissants fresquinhos eram rasgados com a mão. Eu podia ver a fumaça saindo quando eles eram mordidos. O cheiro do pão de queijo me trazia uma sensação de bem-estar. Sucos variados, mesa colorida. Todos pareciam se fartar com aquela manhã, exceto eu. Um dos colegas de trabalho sentou ao meu lado para conversarmos. Ele era do departamento financeiro e também desfrutava aquela oportunidade. Sorri.

Por que eu sorria se não conseguia dizer o que queria dizer? Por que eu não falava claramente que estava com fome e que aquela mesa toda, cheia de coisas, estava me deixando alucinado por não poder tocar em nada? Por que as pessoas tinham tanta dificuldade em perceber que eu não podia comer sozinho?

De repente eu me vi reclamando. Não gostava de reclamar, mas mentalmente estava desconfortável com tudo aquilo. E de vez em quando as coisas simples eram bem mais desconfortáveis de que as complexas.

Pensei em todas as vezes que esperei a glicemia cair e a vista começar a ficar turva para finalmente pedir para alguém me alimentar. Lembrei-me do meu primeiro dia no banco.

No começo, os colegas generosamente se dispunham a me dar comida. Eu levava a marmita, pronta, e precisava aquecê-la e ingerir aquele tanto de alimento para me nutrir no meio do dia.

Mas havia sido algo que eu tinha pedido. Sim, é claro, pois quem iria adivinhar que eu não podia comer sozinho? Algumas coisas pareciam óbvias, mas simplesmente não eram.

Só eu sei quantas vezes as pessoas ficaram curiosas e me encheram de perguntas. *"Como você come?"* é uma das mais frequentes. E, muitas vezes por não terem a menor ideia de como eu fazia aquilo, talvez com vergonha ou medo de oferecer ajuda, não diziam nada.

Assim também agiam as pessoas que estavam naquela sala, no café da manhã do diretor do banco. Pensei em pedir alguma coisa. Mas para quem eu iria pedir? Não tinha intimidade com ninguém. Mal conhecia as pessoas que estavam ali. Lembrei-me da copeira que passou a me ajudar todos os dias na hora do almoço e me senti grato. Era melhor a sensação de gratidão do que a de desconforto.

Mas a fome apertava. Então percebi um membro da equipe degustando uma pequena carolina de chocolate, daquelas explosivas, uma bomba calórica, com o chocolate derretendo por dentro. Eu conseguia sentir o gosto daquilo. Minha garganta estava seca. Que droga! Odiava quando eu ficava limitado por algum fator e não tomava nenhuma decisão.

Logo eu que estava tão habituado com grandes desafios, me via travado na hora de pedir um pequeno pedaço de torta de frango. Conforme eu avistava as opções, ficava ainda mais nervoso. Aquele café da manhã de negócios não fazia mais sentido para mim. Eu só conseguia pensar na comida que não conseguia comer.

Lembrei da primeira entrevista que dei na televisão. Uma mesa de café da manhã. Fiquei duas horas falando e não pude nem tomar água. Em alguns momentos, em tom de brincadeira, eu consigo extrair graça do assunto com brincadeiras do tipo "gente, eu não tenho braço. Dá para me ajudar aqui ou está difícil?"

Mas entendo que muitas pessoas estão tão acostumadas em me ver superando limites que esquecem as minhas limitações. Era uma ironia com a qual eu tinha de lidar. Enfim o café da manhã com a diretoria acabou e eu me senti aliviado. E ainda estava apertado para ir ao banheiro, além de tudo. Desci e a enfermeira me abriu um largo sorriso. Estava acostumada comigo. Sempre disposta a ajudar. Um cuidado ímpar.

Lembro do começo da rotina no banco – eram seis horas que eu segurava a bexiga como podia, para não precisar incomodar ninguém. E, assim que fui promovido, pedi para fazer oito horas como todo mundo. Então as coisas ficaram mais complexas.

Com aquelas duas horas a mais na jornada de trabalho era impossível segurar o xixi. Mas como faríamos? Já existia uma enfermaria, mas precisávamos de uma enfermeira que estivesse em condições de me ajudar nas horas das necessidades fisiológicas.

Nesta mesma época eu entrevistava pessoas com diferentes tipos de deficiência para os processos seletivos do banco. Eram pessoas normais, que se sentiam menores. E quando chegavam e davam de cara comigo, ficavam à vontade. Pois eu iria entrevistá-las, observar se eram capacitadas para o cargo.

Inclusão é um termo bem difundido por aí, mas são as próprias pessoas que se excluem do convívio com as demais. Se diminuem, se sentem inferiores, quando não existe absolutamente nada que as faça diferente das outras.

O corpo físico é um instrumento. Uma ferramenta que usamos no nosso dia a dia até que chegue a hora de partir. As limitações de verdade estão na mente. Nossa mente tão complexa. E a minha não conhece limites. Desde criança estava claro para mim que querer era poder. Que nossas realizações eram tão-somente consequências de estarmos prontos e preparados.

E tive a prova disso quando comecei a estudar e me aprofundar em questões de física quântica e neurociência. De como muitos de nós acreditam ser incapazes. De quanta tralha mental acumulamos. De quantas transformações são possíveis. Quanta vida acaba guardada e desperdiçada porque não saímos do ponto onde estamos? Simplesmente por termos medo, vergonha, ou ainda a sensação de que aquilo vai ser difícil demais.

Eu lutava diariamente contra essas travas mentais. Naquele dia mesmo tinha perdido uma batalha, ao não me reconhecer humano, ao não pedir ajuda para aqueles que poderiam ter me servido no café da manhã com o diretor do banco.

Lembrei-me das tantas reuniões que já fiz em *shoppings*, e de como as pessoas, mesmo na praça de alimentação, não tinham se dado conta de que eu não era um boneco. Eu era humano como todos. Tinha fome, sede. A única diferença é que o autocontrole tinha que ser maior.

Em algumas ocasiões a coisa apertava. Já tinha ficado zonzo quando a glicemia baixava ou quando passava algum nervoso. Mas esperava a água bater na bunda para pedir ajuda.

Era um desafio constante treinar minha capacidade de pensar de maneira diferente, evocando os pensamentos positivos sem dar ressonância ao que acontecia de errado.

Lembro de uma senhora budista que dizia que era fácil meditar numa sala sem barulho, com harpas ao fundo. O verdadeiro desafio era manter a calma no meio do metrô, fechado, cheio de gente tentando te empurrar.

E ali, naquele café da manhã, eu sabia que os desafios ainda eram grandes. Pois eu conseguia dominar a minha mente quando tudo ia bem. Mas ainda vacilava quando me via em situações desafiadoras que minhas capacidades físicas não davam conta. Mesmo sabendo andar de skate, tocar em balada, surfar, eu ainda precisava aprender a pedir. Pedir ajuda era difícil para uma pessoa que queria provar a si mesmo que conseguia fazer tudo. Mas eu precisava pedir.

O café da manhã acabou e eu não pedi um único pão de queijo. Não naquele dia. Eu ainda teria de enfrentar essa barreira.

Numa balada qualquer, aos trinta e três anos, lá estava eu no palco. Centenas de pessoas vibravam e me aplaudiam excitadas. Eu me sentia uma espécie de celebridade com tanto calor humano.

Estávamos naquele dia em um campeonato de fantasias de Dia das Bruxas, eu e a Lu, minha namorada, dentro de uma danceteria famosa. Eu vestia uma máscara de Coringa e uma camiseta que fazia parecer que eu estava segurando o terno, com uma mão fazendo joinha, desenhada.

Aquilo, por si só, já era engraçado. De tantas pessoas, eu tinha sido indicado para subir ao palco ao lado de outros caras com fantasias tão interessantes quanto.

Olhei para aquele tanto de gente e ouvi os gritos:

"Coringa, coringa, coringa!"

E eu ganhei por unanimidade. Eu era o coringa. Mas o fato não era apenas ganhar. Era o que aquela vitória representava. A Lu me olhava lá de baixo, surpresa e emocionada. Ela era meu maior presente. Enquanto as pessoas gritavam descontroladas, eu voltava no tempo. Para ser mais exato, cinco anos antes da apoteose naquela festa a fantasia.

Eu me transportei para a noite em que, numa fria madrugada, entrara numa sala de bate-papo. Estava separado da minha ex-mulher; ela tinha saído de casa com nossos dois filhos e eu morava sozinho novamente. Sozinho, mas com um amigo e anjo da guarda, Fábio, que me ajudava em praticamente tudo o que eu precisava. Comida, banho, cuidados.

A separação não tinha sido fácil. Nenhuma separação é. As brigas tinham sido inevitáveis e chegamos num ponto que estávamos destruindo um ao outro. Ela saiu e quis ir para a casa da mãe dela, em outra cidade. E eu não consegui evitar que ela levasse os meninos.

A casa ficou triste. Eu fiquei deprimido. Os meses foram se passando e eu tentava iluminar meu rosto acreditando que tudo ia dar certo. E o sol começou a brilhar novamente. Aos poucos e timidamente.

Não tinha o que lamentar. Tinha feito todo o possível para manter o casamento. Eu não podia me ver como fracassado. Simplesmente não dava mais. A coisa tinha acabado. E não havia nada que eu pudesse fazer para ter impedido aquilo. Tinha esperado que chegasse meia-noite para usar a internet, e sentei diante do computador sem saber o que esperar.

Resolvi entrar numa sala de bate-papo. Sim, essa era uma das diversões que acompanhavam aqueles tempos do *Orkut*. Uma rede social na qual eu compartilhava fotos e textos da minha vida.

Logo nossas conversas se cruzaram. O nome dela era Lu. Lucimeire. Eu fiquei apreensivo e ao mesmo tempo empolgado em conhecer alguém. Para quem mais cedo ou mais tarde precisava contar quem eu era e como era.

Era a primeira vez que ela entrava. Queria conhecer pessoas, fazer amizades. E logo pedi para ela entrar no meu *Orkut*. Era a maneira que eu tinha de fazer com que ela visse minhas fotos e soubesse de tudo que eu não sabia como contar.

Lembro-me que de início ela não disse nada, mas depois de um tempo confessou ter pensado "*Meu Deus, como pode uma pessoa viver desse jeito?*". E deixou claro que seríamos apenas bons amigos.

Essa era a condição para que conversássemos diariamente pelo *Messenger.*

Desde esse dia começamos a nos encontrar pela internet todos os dias no mesmo horário. Ela não sabia muito do meu estilo de vida, e tinha muita curiosidade a respeito de tudo. E fazia perguntas que não me deixavam constrangido, pois ela era enfermeira. Portanto, suas curiosidades também iam para o lado técnico.

A Lu tinha uma coisa que me encantava. Seu jeito parecia ser de uma pessoa simples. De alguém que não ligava muito para aparências, e principalmente, que se importava genuinamente com o outro.

Comecei a ficar cada vez mais envolvido e encantado com ela. E não era só pura carência. Era bom tê-la do outro lado da tela do computador. Era como se o tempo parasse e nada mais importasse. Quando me dei conta, já estávamos nos falando há semanas. E cada dia a gente estava mais próximo, entrando em detalhes sobre nossas vidas, trocando confidências. Fazendo as coisas fazerem realmente sentido. E os meses começaram a correr.

A Lu vivia em Queluz, última cidade do Estado de São Paulo, próxima à divisa com o Estado do Rio de Janeiro. Era enfermeira, e, mesmo sem querer se apaixonar, tinha sentido uma coisa diferente por mim.

Quando eu a convidei para que viesse a São Paulo, ela nem imaginava que tanta coisa aconteceria a partir daquela decisão. Não era só pra me ver. Sabíamos que esse encontro iria determinar um destino ou o desfecho de uma história.

Estávamos os dois ansiosos para nos vermos pessoalmente. Então ela decidiu encarar duas horas e meia de viagem para me conhecer, num fim de tarde de sexta feira, que se prolongaria por todo o final de semana.

Ressabiado, chamei o Fábio, o amigo e anjo da guarda. Será que ela iria gostar de mim pessoalmente? Será que teríamos tanto em comum? Eu me senti feito um adolescente. Um menino que ia na porta da escola ver a namorada. Mas eu já era homem, de barba feita, e precisava encarar a realidade.

Tudo podia acontecer. Eu queria alimentar expectativas, mas não sabia, de fato, se íamos nos dar tão bem. Tudo era muito imprevisível. E mais uma vez veio o medo. Só que era um medo diferente. Sabia que seria aceito, mas não sabia se ela seria capaz de lidar com tanta novidade de uma só vez. Ela sabia como eu era, sabia que eu tinha muitas limitações físicas que impossibilitavam uma série de coisas. Mas eu imaginava que ela também soubesse que eu não conhecia limites para enfrentar outras situações.

Ele me ajeitou e me levou à rodoviária. No caminho conversamos sobre tudo que tínhamos passado juntos. O Fábio era um amigo daqueles que a gente podia contar pra qualquer hora. Ele ia comigo em palestras, ia em casa quando eu precisava de ajuda, ia até a avenida Paulista me ver tocar quando eu estava em posição de vulnerabilidade e precisava de alguém pra recolher o dinheiro e levar os instrumentos.

Nós tínhamos uma parceria que dava certo. Em troca, ele ganhava uma porcentagem dos meus ganhos. Era o que eu podia pagar para agradecê-lo. Que era bem menos do que ele merecia, mas ele não se importava. Ficava ao meu lado mesmo assim. E torcia por cada conquista.

Enquanto esperávamos o metrô, pensamos nas inúmeras possibilidades. Ela estava confortável em ficar em casa – eu já tinha pedido para o Fábio ir embora para que ela pudesse dormir no quarto de hóspedes. Mas como seria a partir de então? E se eu precisasse ir ao banheiro? Comer? Tomar banho?

Aquele final de semana seria decisivo para entendermos se ela estaria disposta a enfrentar uma relação tão diferente. Aquela era definitivamente uma prova de fogo.

Quando o ônibus dela se aproximou, senti palpitações. Olhei pro Fábio, que sorria confiante, e vimos ela se aproximar. Seu semblante era de tranquilidade. Nenhum sinal de insatisfação. Nenhum olhar de indiferença.

Era a Lu que eu sonhava, que imaginava pra mim. Eu contava as horas para vê-la e naquele instante podia tê-la diante dos meus olhos.

Fomos juntos para casa, conversando, os três, e logo que chegamos, o Fábio foi embora. Não por livre e espontânea vontade. Na verdade eu fiz uma certa pressão para ele se tocar e nos deixar a sós.

"Tem certeza?" – ele perguntou.

"Claro, mano! Vai embora logo" - respondi.

Naquele momento comecei a ficar apreensivo. Ela nunca tinha estado comigo realmente. E estar comigo incluía fazer uma série de coisas que as pessoas não estavam habituadas. Como por exemplo me alimentar.

E se eu ficasse com vontade de fazer xixi antes mesmo de dar um beijo nela? Resolvi não perder tempo. Sentamos e começamos a conversar – coloquei uma música pra criar um clima. Meu coração estava sem entender como colocar nome naquilo. Eu ficava tendo conversas mentais comigo mesmo. Conversas nas quais eu me perguntava se estava vivendo aquilo de verdade. Era difícil de explicar, tudo acontecia como aqueles filmes românticos, quando vemos casais que se olham e reconhecem de imediato o amor nos olhos dos outros.

Eu já tinha visto aquilo acontecer com outras pessoas inúmeras vezes. Mas ali, naquele instante, era comigo. Estava acontecendo comigo. Era o que eu sempre quis na vida. Um amor que não fosse uma paixão daquelas devastadoras que arrebentam a gente. Era um amor puro e simples, daqueles que a gente sabe o que a outra pessoa está pensando antes mesmo dela falar.

E eu não podia deixar aquela oportunidade passar, pois estava diante de uma mulher perfeita. Comecei a procurar alguns defeitos e não via nenhum. Ela era educada, cuidadosa, delicada, tinha uma voz aveludada. Parecia ter sido feita sob encomenda para mim.

O primeiro beijo foi o resultado de uma conversa.

Eu não conseguia explicar mais nada. Fiquei ali, olhando para ela, enquanto ela sorria e entendi a suavidade daquele sorriso. Ela também tinha as suas feridas. Não estavam evidentes como as minhas, mas ela tinha sido machucada pela vida, e estava cansada. Procurava uma luz. Alguém com quem dividir o peso das coisas.

Nossa conversa seguia. Suave. Como nosso beijo. Até o momento em que ela baixou os olhos, envergonhada. Tive receio de perguntar o que tinha acontecido. Será que ela não tinha gostado?

Ela fechou a expressão. Estava séria. Mas ela estava, ao mesmo tempo, emocionada e envergonhada. Tive medo. Medo de ouvir que ela estava arrependida. Medo de ouvir que não era aquilo que ela queria, pois estávamos tão próximos.

As palavras que saíram da sua boca vieram de uma vez, como quem fala um palavrão e depois respira fundo com vergonha do que disse e se arrepende. Suas bochechas estavam rosadas. Ela era virgem. Virgem.

De todas as minhas aflições, suposições, receios, aquela era a única hipótese que não tinha passado pela minha cabeça.

"Como uma mulher de 24 anos pode ser virgem?", pensei.

E o julgamento a fez desmoronar. Ela era, de fato, virgem. Nascida e criada em cidade pequena, tinha crescido ouvindo a mãe dizer que tinha que se guardar para o homem certo. Enfermeira, cuidava dos outros no seu trabalho. Já tinha visto gente nua por causa da profissão. Mas nunca tinha feito sexo com ninguém. Eu não conseguia entender como aquilo era possível. Mas fazia sentido.

Naquela noite especial, olhando para a Lu, toda acanhada, nós dois tínhamos motivos de sobra para não saber como agir ou se comportar. Eu senti que ali nascia uma coisa nova. Um momento que eu despertava para a vida, que tinha certeza que seria especial. Foi mágico. Era sem dúvida um momento único, inigualável.

Ela tinha se preparado para aquilo. Dizia que não sentia nada semelhante há muito tempo. Depois de tantas relações, ter aquele grau de intimidade com alguém era um facilitador. Tomamos banho juntos depois. Ela tinha um quê de cuidado. Uma presença delicada, feminina, cuidadora, que me encantava. E tudo era muito intenso. E ter um amor retribuído daquela maneira me trazia uma sensação de que era possível ser feliz.

Lembrei da minha primeira investida com uma menina, aos 15 anos. Numa festa, eu ficava olhando para ela, que não retribuía meu olhar. Mas me observava com curiosidade.

Depois de lutar contra os meus demônios, decidi puxar assunto e pedi ajuda a um amigo para que a abordasse. Ele combinou comigo que levaria minha cadeira de rodas, que ainda não era motorizada, até ela. E me deixaria lá. E assim ele fez.

Quando fiquei diante da menina, ela respondeu sem pestanejar.

"Sai para lá, quero ficar com um cara inteiro, não com meio".

Aquele golpe talvez tenha sido um dos mais difíceis que enfrentei em toda a minha vida. Era uma espécie de serra elétrica cortando todas as raízes de uma planta. Uma máquina que não deixava dúvidas de que não haveria o menor sinal de piedade.

Depois daquele dia passei três meses sem sair de casa. Trancado, como se fosse um ser de outro mundo. Como se eu precisasse privar as pessoas da minha presença. Não sabia como agir, como reagir, o que fazer.

Foram dias e noites de profunda reflexão até perceber que quem estava errado o tempo todo não era eu. Foram momentos em que eu tive de entender que quem fosse gostar de mim iria gostar de mim do jeito que sou. E enquanto eu colocasse a minha felicidade nas mãos de outra pessoa, para agradar alguém, não teria aquela sensação que via nos filmes. Não seria feliz. Nunca.

A questão não era o que acontecia, e sim a maneira

como eu poderia reagir àquelas situações.

E com a Lu, naquele momento, entregue, eu me senti pleno. E percebia que a entrega era a mesma. Ambos nos desnudavam um aos olhos do outro, sem qualquer medo.

Talvez eu nunca tenha tido uma relação tão verdadeira. Na hora do banho, ela se deu conta de que precisaria me ajudar.

"O Fábio sempre entra comigo no banho", comentei.

Ela nem percebeu que era uma brincadeira ou então achou aquele comentário estranho. Era pura feito uma criança. Tirou a roupa e entrou ali comigo.

Fiquei admirando o corpo dela, pensando se eu merecia tanto carinho, tanto cuidado, tanta atenção de uma mulher tão fascinante.

No dia seguinte teríamos um *show*. Eu, o Fábio, que também era baterista e estava comigo para o que desse e viesse, e o Herrmann, um amigo pianista. E ela não pensou duas vezes. Como ficaria em São Paulo até segunda feira, pediu para me acompanhar.

Plateia cheia, e eu cantei uma música olhando nos olhos dela.

O auditório veio abaixo.

"Não sei se o acaso quis brincar
Ou foi a vida que escolheu
Por ironia fez cruzar
O meu caminho com o seu

Eu nem queria mais sofrer
A agonia da paixão
Nem tinha mais o que esquecer
Vivia em paz, na solidão

Mas foi te encontrar
E o futuro chegou como um pressentimento
Meus olhos brilharam, brilharam
No escuro da emoção"

Não sei se o Pedro Mariano compôs "Acaso" sabendo que aqueles acasos eram fatais. Não sei se ele simplesmente tentou absorver uma energia que estava no ar. Mas naquela noite o acaso tinha me favorecido.

Na plateia, seus olhos encontraram com os meus.

Assim como naquela noite, vestido de Coringa, cinco anos depois, num campeonato de fantasias. Juntos, felizes, casados.

O futuro tinha chegado como um pressentimento. E era mesmo pra ficar.

"*Pare de sonhar*".

Aquelas três palavras vinham como um tiro no peito. Era uma espécie de armadilha que tenta atrair o ratinho indefeso para estraçalhá-lo quando ele está bem perto daquilo que quer.

Eu me sentia um menino forte. Forte o suficiente para não lidar com recusas. Minha mãe fizera com que eu me sentisse assim. Mas vira e mexe a frase soava pra mim como um impeditivo. E ela não era direcionada só a mim. Amigos sem as mesmas limitações físicas encontravam a mesma trava. A mesma armadilha. O mesmo obstáculo. Que não era físico, mas era maior do que uma grande pedra no caminho.

Enquanto eu andava pelas areias brancas do litoral paulista, ouvia coisas inimagináveis. Que eram direcionadas tanto a mim quanto as crianças que corriam, desfrutando a liberdade que podiam gozar por direito, mas que era tolhida constantemente.

Eu colocava minhas muletas e seguia, sem rumo, sozinho. Queria fazer parte daquele pulsar. Daquela vida. Daquele instinto estranho, inquieto. Eu era um curioso por natureza.

E dessa curiosidade veio a vontade de explorar. Um explorador nato que não conhecia as negativas da vida.

Minha mãe, possessa, saía para me procurar por toda a praia e quando finalmente conseguia me encontrar tentava me orientar, sabendo que eu não ia levar jeito e ia acabar fazendo aquilo de novo.

Mas não conseguia domar o anseio de respirar novos ares. Talvez desde cedo tenha tido essa particularidade. O sorveteiro acabava entregando minha rota. E ela me encontrava depois de seguir os rastros de quem tinha me visto passar.

Dessas viagens surgiu a paixão pela água. O mar sempre me fascinava, com suas ondas fantásticas. Eu tinha que criar uma maneira de entrar na água com os recursos disponíveis à minha volta, e a ideia era me manter vivo. Isso é – sem que as ondas me levassem embora.

Da primeira vez que tentei, o mar veio com força, mas finquei minhas muletas na areia fofa e senti o prazer que era nadar. A liberdade de estar com o corpo todo dentro da água.

Como eu era pequeno, ficava no raso, enquanto a água vinha até o meu pescoço. Para o resto do mundo a água estaria no joelho, mas para mim, estava no fundo. Quando a onda me carregava até a beirada, eu levantava correndo e fazia tudo de novo e de novo. Foi assim que conheci dentro de mim uma espécie de motorzinho que não me fazia desistir. Era como se, na vida, o mar sempre tentasse me derrubar. A onda viesse, muitas vezes com força, e me levasse para o ponto de partida. E desistir não era uma opção. A vontade de ir adiante, tentar fazer aquilo que eu tinha me proposto a fazer, era um desafio ainda na infância.

A palavra desafio me acompanhava desde sempre. Lembro do cheiro das velas que minha mãe fazia artesanalmente em casa, e de como elas me inspiraram a fazer uma tentativa de ganhar dinheiro. Às vezes eu ficava contemplando os quadros que ela pintava ou os vasos de porcelana que fazia, e imaginava como poderiam ser vendidos. E numa certa ocasião, resolvi arriscar.

Minha mãe trabalhava como decoradora, tinha ido

visitar um cliente. Então eu pedi para a ajudante que tínhamos em casa prender uma tábua na minha cadeira e peguei cinco velas para testar a minha grande ideia.

Munido das velas e de coragem, fui até a Paulista, movimentada avenida de São Paulo, e vendi todas as velas sem nenhuma dificuldade. Voltei para casa me sentindo um leão que consegue a caça. Era como se todos os problemas tivessem acabado. Como se eu tivesse resolvido aquilo que faria grande diferença em nossas vidas.

Tinha sido mais fácil do que eu havia previsto. As pessoas pegavam a vela, colocavam o dinheiro no saquinho e pegavam o troco no outro. Era a mágica do negócio acontecendo diante dos meus olhos. Com aquele dinheiro, fruto do meu trabalho, dei de cara com a minha mãe, que estava intrigada com o sumiço das velas.

"Mãe, sua arte vai ser reconhecida pelo mundo", eu disse, com um sorriso que ia de uma orelha a outra. "Vendi as velas na Paulista. Estou trabalhando para você!"

Ao contrário do que eu imaginava, ela franziu a testa e fechou o semblante.

"Muito bom. Eu comprei o material, eu fiz as velas, logo, o dinheiro é meu", respondeu, sem um pingo de condescendência.

Meu sorriso desapareceu. Percebendo aquilo, ela deu seu tiro de misericórdia: *"A menos que você queira trabalhar para mim e ganhar 10% do valor"*.

Observei aquela atitude. Não parecia nada generoso da parte dela, mas era justo. Era com aquela atitude que ela me ensinaria algumas coisas. Assim que me daria a noção exata do valor do trabalho. E de quanto custava conseguir aquilo que queríamos.

Topei de imediato, mas percebi que poderia conseguir muito mais que isso caso diversificasse os produtos. Foi quando descobri um lugar em São Paulo que parecia a Meca das bijuterias. O nome era 25 de março. Comprando bijuterias e revendendo na Paulista, conseguia um lucro todo meu, e ainda ajudava a pagar a faculdade. Era fantástico.

Alguns me perguntavam o que eu faria se fosse roubado. E naquela época aprendi a eliminar o "e se" da minha vida.

Quantas vezes as pessoas não deixavam de começar qualquer coisa. Um projeto, ideia ou relacionamento porque sempre colocavam o 'e se' na frente? Era como se uma voz interna me guiasse e dissesse Faça. Faça agora o que você pode, com o que você tem e onde você está. E fazer, a partir de então, se tornou uma ordem. Até mesmo quando vinha o medo. Até quando eu achava que não ia ser capaz. E nem sempre dava pra fazer tudo. Mas eu tentava.

Um dia, bem depois do episódio das velas, já atuando como palestrante motivacional, fui chamado por uma empresa de eventos para palestrar em outra cidade. Levei a Lu, porque sem ela era impossível viajar. Quando chegamos ao hotel, o atendente detectou que estávamos em quartos separados.

"Mas como vou fazer?" - perguntei, fixando o olhar no dele.

Ele certamente não tinha entendido que eu precisava de alguém que me colocasse na cama, que me levantasse, que me desse água, comida, e levasse ao banheiro. Mas eu não precisava explicar. Só que ele relutou – dizia que a produção do evento não tinha avisado sobre a minha deficiência.

Para piorar, quando chegamos ao quarto, minha cadeira não passava pela porta do banheiro.

"O que vamos fazer?" – perguntei ao funcionário do hotel, que certamente nunca tinha lidado com nada parecido.

"Não sei, senhor."

Depois de muita conversa, conseguimos convencê-lo a nos deixar em uma suíte, juntos, onde eu conseguiria entrar ao menos no banheiro. Por isso, às vezes a gente faz nosso melhor, mas mesmo assim a vida de palestrante não é nada fácil. Tem seus perrengues, suas pequenas e grandes dificuldades. Não era só quando a minha cadeira era quebrada num avião.

Tudo fora de casa era diferente. E por mais que as dificuldades perto da minha casa também fossem grandes, já que moro perto de uma grande ladeira, com a rua e suas calçadas absolutamente esburacadas, a realidade é que longe de casa tudo parece muito mais difícil. Cada vez que viajo, e tenho que me deparar com certos transtornos, tento treinar o meu mental e me fortalecer para não reclamar.

É nessas horas que tento aplicar ao máximo as coisas que aplico na minha própria palestra. A principal delas – a vida é 90/10. E o que é essa relação?

Ela indica que apenas 10% das coisas que acontecem estão fora do nosso controle. Não podemos controlar se o avião vai atrasar, se a cadeira vai quebrar, se o pneu vai murchar, se o funcionário não vai ter um quarto com uma porta que te permita entrar no banheiro. Mas podemos controlar todo o resto – ou seja – podemos controlar como reagimos a isso.

Por isso, enquanto estava diante da Kombi, em direção a outro evento, lembrei dessa teoria.

Não havia nenhum táxi adaptado naquela cidade. Nem van. Só uma Kombi velha com um elevador meia-boca que não deixava que eu passasse pela porta sem ter que praticamente deitar na cadeira elétrica. E de ré.

A teoria à qual eu me referi era a de Stephen Covey – um cara que tinha me ensinado que apenas 10% das eventos que acontecem em nossa vida não podem ser controladas. Não dava mesmo para evitar que tudo aquilo acontecesse. Mas dava para evitar que aquilo acabasse com o meu dia. Dava para evitar que aquilo não me contaminasse, que não me fizesse ficar de mau humor pelo resto do dia, ou que não fizesse uma palestra à altura.

Conheço pessoas que quando tomam o café da manhã com a família reunida e a filha esbarra na xícara de café e suja a camisa do pai, acaba o dia. O pai grita, esbraveja, levanta da mesa e sai de casa nervoso. E se isso acontece, o dia vai ser uma droga. E quando esse cara chega em casa ao fim do dia, filha e a esposa estarão lá, chateadas com o que aconteceu de manhã.

A pergunta é: quantas camisas você tem? Não poderia ter agido de forma diferente? O importante é como reagimos ao que nos acontece. Quantas tempestades em copo d'água acontecem em nossas vidas todos e todos os dias?

Na minha vida, eu precisava lutar diariamente para não reclamar. Não era só o fato de pegar um metrô e não conseguir descer na estação porque o vão é muito grande, são milhares de pequenas dificuldades que preciso enfrentar desde a hora que acordo até a hora que vou dormir. E conviver com tudo isso passou a ser a minha maior missão – sem reclamar ou reagir negativamente, me tornando um revoltado pela minha condição.

Eu me lembro que desde pequeno eu ia na praia e as crianças perguntavam onde estavam meus braços e minhas pernas. E foi daí, da reação, que ganhei meu maior ativo: meu senso de humor.

Um dia, eu estava literalmente de saco cheio de ouvir mais uma criança perguntando onde estavam minhas pernas e meus braços e o que tinha acontecido comigo, então resolvi fazer diferente. Resolvi brincar.

Tudo bem que a criança era inocente e tinha apenas seis anos de idade, mas todo mundo tem seus dias bons e ruins, e naquele dia eu não estava com o máximo de paciência para aguentar piadinhas.

Olhei no rosto dele e disse:

"Está vendo o mar? "

Ele me olhou, sério.

"Então, sabe quando sua mãe diz para você não ir até lá?"

Ele parecia pensativo. Foi aí que comecei a fazer a trilha sonora do filme *Tubarão* e uma cara assustadora até que ele saísse correndo amedrontado.

Mais assustador que imaginar que meus braços e pernas tinham sido devorados por tubarões foi nadar com os próprios. E quando eu tive a oportunidade, durante uma viagem, achei que ia desfalecer quando dei de cara com aquele bicho enorme dando rabadas severamente. Mas não somente sobrevivi, como virei uma espécie de atração turística, nadando dentro do aquário, entre as tartarugas e os peixes. As crianças ficaram curiosas. Quem era aquele cara ali no meio?

Achei engraçado. Na minha vida, muitos momentos pareciam cenas de filme ou coisa assim. Eram realizações de sonhos que eu jamais tinha imaginado colocar em prática. E eu não pensava que poderia. Nem quando.

Durante um tempo fiz aulas de canto no conservatório de música Souza Lima. Mesmo já sendo patrocinado pelo conservatório, certo dia quis dar um passo ainda maior.

Bati na sala de um dos diretores e disse que queria gravar um CD. Ele me passou o contato de um estúdio que fazia masterização, e as coisas aconteceram rápido demais, até mesmo pra mim que estava acostumado a ver tudo acontecendo depressa. Em poucos dias lá estava eu, dentro do estúdio. Mas quem achava que eu ia entrar, ficar ensaiando e demorar dias pra gravar, estava muito enganado. Como eu ia todos os finais de semana na Avenida Paulista, onde me apresentava e passava o chapéu pra ganhar um troco, acabei fazendo toda a gravação em um único dia.

Meu repertório contava com 53 músicas bem ensaiadas. As mesmas que eu apresentava para o meu público que me prestigiava na maior avenida de São Paulo aos sábados e domingos.

Meu critério ao escolher as músicas foi: o que sai mais? Então peguei alguns sucessos como Frank Sinatra e Joe Cocker, dentre outros grandes nomes da música que eu admirava. No total, foram 22 músicas em 6 horas. Um verdadeiro recorde, num dia gravei dois CDs completos. Mas, além desse *hobby*, eu também tinha muito orgulho em atuar como *DJ* na noite paulistana. Nas palestras que fazia, era frequente deixar todo mundo perplexo quando contava isso, já que dificilmente alguém contrataria um *DJ* sem mãos pra animar uma festa. Mas tecnologia pode tornar tudo possível. E aquilo era mais que uma façanha . Era a prova de que eu estava colocando em prática coisas que um grande amigo tinha me mostrado ser possível.

Eu já não via quaisquer limitações pois tinha resolvido apostar todas as fichas na vida intensa que eu estava preparado para viver.

Essa era a vida que eu queria.

"Você jamais vai conseguir". Essa voz vinha e voltava. Vinha e voltava. E eu tinha que vencê-la, já que meu sonho era maior. E andar de *skate* era mais que um sonho: era algo que me desafiava.

Eu já tinha me aventurado a surfar, mas sabia que no *surf* o impacto seria na água. E o asfalto era implacável. Como lidar com uma queda de alto impacto? Pois lá estava eu, ao lado de um amigo que tinha uma equipe oficial de skate. Eles estavam desenvolvendo um *skate* adaptado, onde colocariam uma cadeira de fibra de vidro, cintos de segurança automotivos e uma barra estabilizadora.

A ideia era simples, mas não sabíamos se na prática teria resultado. Aquele seria o primeiro *skate* adaptado de que se tinha notícias no Brasil.

Quando embarquei naquela viagem, fechei os olhos e deixei a sensação tomar conta do meu corpo. Vento batendo na cara ladeira abaixo e um frio na barriga capaz de transformar qualquer palavra em um grito forte.

No meu caso, um grito de vitória que estava entalado na garganta desde que aquela voz oculta dissera "eu não consigo".

Mas como as outras pessoas nunca tinham experimentado aquilo? Como não desfrutar aquele momento? Como a gente não se dá o direito de experimentar? Da vontade de compartilhar surgiu a primeira equipe de skate adaptado do mundo. Eu tinha conseguido. O som que inundava meus ouvidos era como se uma escola de samba entrasse em cena. Pensei em como aquela conquista tinha sido poderosa. Como as coisas que pareciam impossíveis me despertavam o desejo de ir adiante.

Aquele dia em que a cirurgia da coluna transformaria a minha vida havia sido um grande marco. Porque ela mudava o rumo da história. Mudava a maneira como eu usava o meu corpo. As muletas, minhas pernas até então, não poderiam mais ser utilizadas. E era uma limitação que eu tinha que aceitar. E transpor.

Naquela época, eu tinha percebido, depois do baque, o quanto seria importante buscar novas atividades que me deixassem presente. Que me excitassem, me dessem energia para continuar. A fisioterapia me fazia sentir um velho em estado de decomposição. Um senhor de idade incapaz de dar alguns passos. Eu não me sentia assim. Eu ainda tinha dentro de mim um pulsar. Uma paixão por aventuras, esportes radicais. Queria fazer coisas que me trouxessem sensações.

Foi quando surgiu uma batida perfeita. A batida do samba. Ela inundava meu corpo. Com seu ritmo, sua graça, sua grandiosidade. Assistindo à minha irmã tocar num bloco de bairro de Carnaval, a intenção se colocou à prova. E não há nada mais poderoso do que uma intenção.

Quando comecei a acompanhá-la nos ensaios sentia uma energia vibrante por estar ali, ouvindo aquela música, pertencendo a um grupo que trazia alegria. Sentir o toque do batuque me fazia conectar comigo mesmo.

Estávamos, eu e minha mãe, assistindo de perto à bateria no último ensaio do bloco antes do desfile de rua, que seria em plena avenida Faria Lima. Os blocos desfilavam, vibrantes. E eu só conseguia prestar atenção num instrumento jogado no chão, uma espécie de chocalho. Olhei para ele e tomei coragem. Queria tocar e nem sabia como, mas algo dentro de mim me fazia acreditar que era possível. Estava curioso.

"Mãe", pedi ainda meio tímido.

Ela me encarou surpresa.

"Está tudo bem?"

"Você pode pegar aquilo para mim?"

Seus olhos se moveram em direção ao objeto. Era um ganzá. Um ganzá que eu chamava de chocalho por não ter a menor ideia do nome. Ela se abaixou como uma raposa e o pegou rapidamente antes que eu desistisse daquele pedido.

Ainda desajeitado, usei o que chamam de intuição. E lá fui eu balançar aquilo, no ritmo que eu conhecia. Do jeito que parecia ter alguma harmonia com o resto da música. Era eu e aquela batida. Eu e a música, juntos. Sem pressa de acabar.

Mas aquela história não ficaria só entre nós. Logo o mestre da bateria me viu do outro lado da quadra e correu até onde eu estava. Seria ele o dono do instrumento?

"Toca de novo", ele disse.

Entendi o aviso e voltei a tocar, sem medo, vergonha ou qualquer sinal de timidez.

"Cara, ele é bom nisso!", ele gritou para o presidente da escola.

E os dois foram correndo me ver. Tive a sensação de que estava fazendo alguma coisa certa.

"Vamos tocar com a bateria", disseram.

E foi assim que me posicionaram na primeira fila, ao lado dos tocadores de ganzá, para a minha primeira experiência inesquecível numa escola de samba.

Os outros participantes me receberam como se eu fosse um veterano membro da bateria. Estávamos entrosados, no mesmo ritmo e alegria. Éramos um time. E assim fui convidado a comparecer no desfile do dia seguinte. Por causa de uma casualidade, um ganzá jogado no chão. De uma atitude descompromissada que tinha feito com que o Universo se movimentasse e me apresentasse uma nova fase da minha vida.

A sensação era mais incrível do que eu poderia supor. No desfile, me sentia pertencendo a um grupo que levava felicidade através da música. Era como se a energia contagiante daquele bloco não deixasse ninguém imune. E depois desse primeiro contato vieram outros. A música me seduzia. Me fazia sentir vivo e disposto.

Com o passar do tempo passei a tocar tamborim. Mas como fazer isso sem conseguir segurar a baqueta?

O jeito era pedir ajuda. Como meu pai, na época, morava no Rio de Janeiro, logo pedi um tamborim e também contei com a ajuda da minha mãe para improvisar um jeito de tocar.

Pedi para ela amarrar, com fita adesiva, uma baqueta a um braço, como fizera com o lápis quando eu era pequeno, e o tamborim ao outro. Na primeira tentativa de fazer um som, a baqueta voou longe.

Fiquei chateado. A fita era frágil demais para suportar a pressão. Era nítido que eu deveria usar algum outro recurso para proporcionar mais firmeza, se eu não quisesse atingir em cheio a cabeça de alguém durante os ensaios.

A solução veio de uma fita isolante. E depois de pouco tempo eu tocava tamborim como ninguém.

Eu me envolvia com o ritmo de tal maneira que queria mais. Era como uma droga que me causasse dependência. Quando tinha a quantidade suficiente, sentia necessidade de mais. Era uma necessidade física. Como se nada justificasse não dar um passo ainda maior.

Aí veio a caixa, um instrumento mais poderoso, imponente. Mas que se toca com duas baquetas, então ficaria apoiado no colo. Pedi aulas com um conhecido que sabia o que fazia e logo lá estava eu na avenida, como destaque dos blocos de rua.

Mas não era o bastante.

Eu sentia isso. Meu corpo tremia só de pensar no que estava por vir, mas eu não podia recuar. Já tinha pensado na possibilidade. E ela veio, como uma bomba no meio de uma frase desconectada de tudo no final de um ensaio qualquer.

"Marcos, você já está com a gente há algum tempo. Tem um bom ritmo. Por que não faz um teste numa escola de samba? "

A minha mente já visualizava as grandes escolas entrando na avenida. E eu pensava se conseguiria dar conta do recado. Durante alguns dias, vacilei. Tinha medo de não conseguir tocar profissionalmente. Mas depois cedi.

E meu primeiro teste seria provar que eu poderia fazer a avaliação.

Entrei numa quadra de escola de samba perto da minha casa e procurei o mestre de bateria para uma conversa informal. Estava ansioso. Ele me ouviu com ouvidos atentos e cara de quem tinha entendido tudo. Respirou fundo, como quem vai dar uma notícia pesada. Mas ele não imaginava o impacto que ela causaria na minha autoestima.

"Não dá. A escola perderia pontos no quesito evolução por conta da sua dificuldade de locomoção".

Tentei argumentar. O não eu já tinha.

"Minha cadeira não vai prejudicar o andamento do desfile. Enquanto eu toco, outra pessoa pode empurrar".

Em vão. Ele balançou a cabeça, em nova negativa. E saí dali imaginando como as outras escolas lidariam com a presença de um cadeirante.

Era óbvio que a ideia não era desistir na primeira tentativa. Mas seria difícil seguir em frente sabendo que existia um motivo que poderia ser desfavorável.

Comecei a olhar para o nome das outras escolas, e o de uma outra, a X9 Paulistana, parecia se sobressair. Como se chamasse atenção em meio a tantas.

No dia que me enchi de coragem, fui até a quadra sem medo de levar um "não" pela segunda vez. Estava mais confiante, porque sabia o que podia ser levado em consideração contra mim. Mas não tinha medo.

Entrei e o ensaio estava tinindo. Barulho da bateria bombando. Meu coração acompanhava aquele ritmo e me deixava transbordando de ansiedade.

O mestre de bateria logo me viu. O que eu pediria a seguir o deixaria surpreso.

"Você toca?" – ele perguntava surpreso. *"O que você toca?"*

Quando eu disse 'caixa', parecia que existiam dezenas de interrogações sobre a cabeça dele, como naqueles balões dos desenhos animados.

Pedi uma chance. Uma única chance de mostrar aquilo que eu sabia fazer. Tinha levado uma fita isolante e só precisava de ajuda para amarrar as baquetas no meu braço com aquela fita. Era só isso que eu pedia.

Então ele pediu que os 170 ritmistas parassem.

Num silêncio angustiante, depois de todos me observarem, fui preparado para o grande desafio.

"Você vai tocar. Mas vai tocar sozinho".

Aquele homem não tinha meias-palavras. Franziu a testa e eu tive a impressão que era tudo ou nada. E a linha entre os dois era muito tênue.

Quando ele mandou que eu seguisse adiante, fechei os olhos e fui com tudo, mostrando o que eu sabia, o que eu sentia. O que eu achava que ia funcionar.

Aos poucos, a fisionomia daquele homem foi modificando. Ele esboçou um sorriso de contentamento e deu sua sentença.

Olhou fixo em meus olhos e disse:

"Vá para o seu lugar".

Eu estava aprovado como integrante da bateria.

Ela apagou em cima de mim e eu não sabia o que fazer. Estávamos no apartamento dela. "Ela" era uma namorada rica, que morava num apartamento gigantesco.

O sexo com ela era sempre quente. E já estávamos despidos. Mas, assim do nada, ela desmaiou.

A cadeira estava longe. Os dois, nus. Eu não tinha como pegar um telefone. Não conseguiria pegar uma roupa. O lance tinha sido muito intenso. E ela só acordou horas depois. Horas depois.

Levantou, sem entender muito bem o que tinha rolado, e me vestiu. Quando eu estava na cadeira, dei o ultimato.

"Não dá mais".

Ela ficou confusa.

"Como assim?"

Não dava. Sabia que ela tomava remédios controlados, e bebia escondido, mesmo com o uso dos remédios. Já tínhamos nos encontrado em situações nas quais ela tinha ficado grogue, e havia sido levada com a ajuda de alguns amigos e vomitado diversas vezes.

Mas eu não podia cuidar dela. Não nas minhas condições.

A relação, sexualmente falando, era irretocável. Ela era maníaca. Gostava de transar dentro de lugares ousados, diferentes, e fazíamos coisas que eu nunca tinha feito. Como fazer sexo no banco de trás do carro, em lugares onde podíamos ser vistos e eu nem sabia como me apoiar. Mas coisas malucas sempre aconteceram. Sem que eu pudesse prever. Sem que eu pudesse premeditar.

Assim também havia sido naquela histórica festa de *Halloween*.

Eu já estava com a Lu. Preparado para tocar como *DJ*. E a primeira vez como *DJ* tinha sido inusitada.

Era meu aniversário, e tinha levado um *pen drive* com algumas músicas e pedi para que tocassem. O pedido tinha sido aceito. Em pouco tempo fui convidado para ser *DJ* convidado da balada.

Naquela noite a festa seria a fantasia.

Depois da balada começou a chover. E a chuva sempre foi um empecilho, porque a atual cadeira é elétrica e não pode molhar. E também não é desmontável.

"E agora? "

Era madrugada, nenhum táxi especial, já que a maioria deles só trabalham de dia para levar cadeirantes ao médico. E assim que eu decidi colocar minha esposa num táxi, coloquei uma capa de chuva que cobria toda a cadeira e iria pela ciclovia até nossa casa.

O detalhe é que, com a capa de chuva, minha fantasia ficava ainda mais peculiar – pois eu estava com a máscara do Jason, daquela série de filmes Sexta-feira 13.

Assim que cheguei na ladeira de casa notei o asfalto escorregadio. Em questão de segundos, a cadeira aquaplanou. Por impulso, travei as rodas, mas o efeito foi o inverso. Ela foi escorregando e ganhando mais velocidade, como se eu estivesse surfando no asfalto.

Tentei manobrar, acelerando para o lado oposto, só que ela parecia possuída pelo verdadeiro espírito do Jason. O que ela fez foi começar a girar como uma xícara maluca de um parque de diversões. Para piorar, haviam aqueles obstáculos amarelos, as famosas tartarugas do chão, que acabaram por frear as rodas, e a cadeira capotou.

Fim.

Esse poderia ter sido o trágico desfecho de uma noite de *Halloween*. Mas como desgraça pouca é bobagem, virei e caí de lado. Fiquei ali, imóvel, aguardando ajuda, com a máscara do Jason colada no rosto. Aliás, vale lembrar que a máscara foi a responsável por eu não ter quebrado o nariz mais uma vez. O tempo ia passando, o som da chuva caindo, e finalmente ouço uma viatura policial se aproximando.

O carro parou e ele saiu, procurando ver o que tinha acontecido.

Os instantes que vieram a seguir foram tragicômicos. O policial entrou em pânico, procurando meus braços e pernas pela rua. Viu o sangue cenográfico que fazia parte da fantasia escorrendo pelo meu ombro e achou que eu tinha sido vítima de um acidente naquele exato instante.

Tentei acalmá-lo, mas ele mal conseguia falar. Quando finalmente entendeu e se pôs a me ajudar e me erguer, decidiu fazer alguns testes.

"Mexa-se. Vamos ver se está tudo bem", disse preocupado.

"Não estou sentindo meus braços e pernas", brinquei.

Seu semblante fechou. Aquela não era definitivamente a brincadeira ideal para aquele momento.

Eu posso dizer que sempre flertei com a morte. Não que ela me seduzisse ou coisa assim. Era como se ela sempre estivesse à espreita me desafiando, fazendo truques para mostrar que eu era vulnerável e que eu deveria ter mais cuidado com a vida. Mas essa mesma morte sempre pareceu estar acompanhada de um anjo. Um daqueles guardiões que ficam a postos, dizendo para a velha senhora vestida de preto com uma foice que não vai dar nenhuma trégua.

Às vezes me vejo em situações nas quais ambos duelam. E eu dou risada dela. Não que eu queira desafiá-la. É que sinto que enquanto estiver aqui nesta vida,vou viver até o limite. Viver sem medo de morrer. Viver sem desperdiçar a vida.

Talvez esse seja o maior erro das pessoas. Não consigo entender quando ouço desculpas banais que trazem consigo justificativas incoerentes para as pessoas deixarem de fazer as coisas. E cada vez que percebo um ser humano dotado de condições físicas desperdiçando oportunidades únicas, eu me sinto na obrigação de mostrar como deveriam valorizar a vida.

Enquanto voltava de uma palestra em Manaus, pensava exatamente nesse tema. Deitado no banco do avião, que decolara à uma da manhã rumo a São Paulo, onde eu desembarcaria às seis, chegaria em casa às oito para estar no banco às nove, revi mentalmente as últimas 24 horas.

Aeroporto de Guarulhos às 11 da manhã do dia anterior, desembarque em Manaus às cinco da tarde, palestra às sete da noite. Término às nove, jantar às dez, aeroporto e retorno. Tudo num único dia. Tudo para chegar no outro lado do Brasil, e falar para funcionários de chão de fábrica o quanto eram capazes de se automotivarem. O quanto poderiam usar os recursos que tinham para viver uma vida de qualidade, plenitude e principalmente, felicidade.

Ah, a felicidade. Tão simples e tão complexa. A Lu abriu os olhos e me viu suspirando. Passou a mão nos meus cabelos. Seu toque era tão suave. Tão cheio de amor. Seu olhar era de cumplicidade e admiração.

Nunca imaginara que uma mulher pudesse me admirar daquela forma. Nunca pensei ter uma relação assim, tão completa.

Deitado em seu colo, pensei em quanto a Lei da Atração, com suas visualizações fantásticas, tinha me ajudado a construir o presente que eu queria. Era como se eu tivesse atraído aquele relacionamento no exato instante em que me vira pronto e merecedor de uma companheira como ela.

Fechei os olhos. Uma leve turbulência começou a sacudir o avião. Todos ficaram tensos. Mais uma armadilha do destino? A sensação era estranha. Como se o o vento pudesse nos jogar contra qualquer coisa. Tive a impressão de estar sendo comandado pelas forças da natureza. De não poder fazer nada para me defender. Era só fechar os olhos e esperar.

Como no dia em que, em alto-mar, quase me afoguei. Estávamos no evento da ONG BFG praia acessível, onde todos os participantes, que eram deficientes físicos, riam e choravam, felizes com a possibilidade que lhes era dada. Havia muitos que, pela primeira vez, entrariam na água num caiaque adaptado. Era a emoção de sentir coisas que lhes pareciam ter sido tiradas. Mas que estavam disponíveis a todos.

O dia seguiu com uma equipe de reportagem acompanhando todos os nossos passos. Quando acabou o evento e todos os participantes já tinham ido pra suas casas, olhei para o Bruno, instrutor e idealizador do projeto, com a proposta:

"Vamos mais uma?"

Ele conhecia aquele pedido. Era uma vontade de entrar no mar, de pegar mais um pouco daquela coisa que tinha ficado no ar, chamada esperança. Era como se respirar um pouco mais de vida me fizesse sentir melhor. Um vício em adrenalina ou alguma coisa semelhante? Não sei. Talvez houvesse um bocado de irresponsabilidade, que ficava ainda mais saboroso quando algo parecia perigoso demais.

Entramos no mar e meu único pedido foi não colocar o colete. Sem os braços, estar com o colete era incômodo e quase impossibilitava o prazer que eu sentiria com aquela experiência.

As ondas estavam boas, pegamos uma, duas. Já eram 17h20. Em alguns minutos chegaria o inevitável pôr-do-sol.

"Vamos a última?", perguntei.

Ele deu uma olhada rápida no horizonte. Franziu o rosto.

"Vai escurecer", disse, preocupado.

"Só mais essa!".

Ele não era capaz de resistir a um pedido meu. Só que aquela seria uma onda que viria diferente. Foi uma onda fechada que nos jogou longe. O caiaque virou, e em instantes estávamos a uns dois metros de profundidade.

E eu estava sem o colete. Era impossível que ele me visse. Por impulso, eu me agarrei à muleta e a joguei paro o alto. Em algum momento ele veria a muleta.

Foram segundos de pânico. A onda tinha mexido com tudo. A cor do céu estava de um azul quase anil, e o sol se punha. Em questão de minutos seria impossível me encontrar. Debaixo d´água, eu mal conseguia pensar. Sabia que a morte não era uma possibilidade. Nem parecia me afrontar. Mas nunca estive tão próximo dela. Ou será que estive? Ah, as probabilidades da vida. Os anjos da vida e da morte sempre duelando entre si.

Enfim ele avistou a muleta, nadou até mim contra a força da correnteza e me abraçou. De imediato me colocou deitado no caiaque e remou até o raso. Chegamos lá e ele estava com a expressão de pavor.

"Você está bem?"

Era a única coisa que ele conseguia perguntar. Abri um sorriso.

"Vamos de novo!"

Ele suspirou. Pensou que eu fosse ficar traumatizado. *"Marcos, você quase me mata do coração!"*

Soltei uma gargalhada.

"Eu estou vivo!", gritei, fazendo minha voz ecoar pela praia.

Abri os olhos. A turbulência já tinha passado.

As turbulências sempre passam. Sempre passam.

Lá estávamos nós, olho no olho. A situação era inusitada. Ele estava pendurado com a coleira no pescoço. Só não tinha caído penhasco abaixo porque uma árvore o segurava. Em questão de segundos poderíamos ter um desfecho trágico.

Decidir o que fazer naquela situação não era uma equação fácil. O Ted era um labrador com cerca de 40 quilos. Como eu iria salvá-lo? Meu coração estava disparado.

Eu me lembrava da voz da minha ex-mulher dizendo que eu não era capaz de cuidar de um cachorro. Lembrava do nosso *husky*, que tínhamos encontrado numa estação de metrô, mas que tinha ido embora com a nossa separação, porque ela não me via como alguém que pudesse cuidar de um animal.

Uma lágrima de raiva começou a escorrer dos meus olhos. Eu não admitiria perder o Ted. Não naquelas circunstâncias.

Era uma fatalidade, mas eu precisava que um milagre acontecesse naquele exato momento. Lembrei do dia que o levara para casa, ao lado da Lu. De como ele tinha crescido, de todas as vezes que passeávamos com a coleira dele presa na cadeira.

Sim, às vezes ele dava um susto ou outro. Uma vez,

quando fugiu, entrei em pânico sem saber o que fazer. Passeávamos com ele amarrado na cadeira, mas ele era bem forte. Tão forte que tinha corrido e arrebentado a coleira.

Naquele dia, eu o chamara com autoridade. Ele obedeceu e foi caminhando ao lado da cadeira até que chegássemos em casa. Em outra ocasião, quando fugiu com o ímpeto de atacar outro cachorro, apanhou do dono do animal.

Mas dessa vez tudo havia ocorrido sob um risco calculado. Estávamos perto do Hotel Maksoud Plaza. Ali tinha um muro aparentemente baixo. Ele vira um cachorro grande e eu encostei a cadeira em posição diagonal na parede do muro, que era da altura do Ted, para que ele não tentasse fugir. Como ele não tinha como correr, iria latir, mas não conseguiria fugir.

Só que ele estava furioso. E quando o encostei no muro, ele pulou. Pulou e caiu no tal do penhasco. A vegetação que havia do outro lado escondia o penhasco. Na verdade, era o topo dele. Ele ficou ali, pendurado, olhando no meu olho. Quase morrendo enforcado. Aqueles segundos seriam decisivos.

"Ou me jogo com a cadeira pra lá, ou dou ré e corro o risco de destroncar o pescoço dele de vez", pensei.

Saber o que fazer seria assumir a responsabilidade da vitória ou derrota.

Até que avistei um cara de terno e gravata, bem apessoado, caminhando naquela direção.

"Socorro", pensei. Mas disse em voz alta "Cara, por favor, me ajuda aqui. Meu cachorro caiu".

Ele correu em minha direção, rápido, sem pensar duas vezes, e puxou a coleira. Mas foi em vão. O Ted era pesado demais e ele não conseguia puxá-lo. Avistamos um outro homem do outro lado da rua.

"Por favor, nos ajude!", imploramos.

Os dois puxaram o Ted com força. Toda a força que podiam. E comemorei muito quando vi aqueles olhinhos se aproximando. Ele me lambeu como se não me visse há muito tempo. Ele tinha um instinto de proteção muito forte. Mas estávamos inevitavelmente ligados.

Lembrei do dia em que ele correu até o mar, onde eu estava pronto para pegar uma onda. Nadou em minha direção, e em segundos percebi que, aquela cabeça gigantesca estava vindo para o fundo do mar.

Enquanto nadava, os caras que me ajudavam a escolher a onda certa me posicionavam com a prancha. Até que ele subiu na prancha.

"E agora?", pensei.

Ou caiamos os dois, ou ele ia comigo. Fomos. Ele sentou, eu equilibrei o contra peso e pegamos a onda juntos até o raso.

A sensação de vitória era a mesma.

Estar ali era uma vitória. Uma celebração. Era meu primeiro desfile como integrante da bateria da X-9 Paulistana.

Tínhamos ensaiado ao longo de todo o ano. Tudo parecia perfeito, em harmonia. Eu era um dos cinco caras que puxariam a bateria no repinique. E isso não era pouco. Minha função era essencial dentro daquela escola de samba. Mas era só uma impressão.

O taxista Maurício, que sempre me levara ao sambódromo, era um dos poucos motoristas com carro adaptado que circulava além do horário comercial e que tinha se tornado um amigão, torcia muito por mim.

"Vai lá amigo!", ele disse, desejando boa sorte quando desembarquei no sambódromo paulista.

Passamos pelos cordões de isolamento, por toda a arquibancada. Mas neste instante comecei a sentir algo estranho.

"Tem alguma coisa errada", falei para o amigo que me acompanhava e me conduziria durante o desfile para que eu tocasse. Como era impossível tocar e manusear a cadeira, era necessário que ele acompanhasse. Mas tinha algo estranho.

"O que foi?", ele perguntou, preocupado.

Olhamos para a cadeira. De todas as dificuldades

transpostas, aquela era difícil de acreditar. Não podia estar acontecendo. Sim, o pneu estava murcho. O pneu da minha cadeira de rodas, diferente de uma cadeira de rodas comum, era grosso. E tinha acontecido alguma coisa.

Ploft ploft, este foi o barulho que ouvimos quando começamos a andar.

"Esse é o dia do desfile de comemoração. Esperamos o ano todo por essa data. Não posso ficar de fora", pensei.

Ele me olhou. Não sabia o que fazer.

"Liga para o taxista!", comentei.

"Mas são duas da manhã", ele relutou.

"Liga!"

Enquanto eu conversava com o motorista e explicava o ocorrido, pedindo que voltasse, ele começou a procurar opções de borracharias 24 horas ali perto do Anhembi.

Aquele era meu plano infalível e tínhamos que fazer aquilo em tempo recorde. Precisávamos não só achar o taxista, como encontrar uma borracharia que consertasse o pneu em menos de uma hora.

Era ousado, mas tinha que dar certo.

"Eu não vou desistir", falei, quase aos prantos.

Começou a corrida contra o tempo. Fomos no nosso ritmo pedir que a polícia e a CET nos ajudasse. Eles precisavam abrir caminho até o carro. O desafio estava apenas começando. E se não encontrássemos nenhuma borracharia 24 horas? E se chegássemos em uma delas e o mecânico simplesmente não conseguisse consertar o pneu da minha cadeira? O pior é que ainda havia essa última possibilidade.

Eu estava acostumado a levar minha cadeira ao mecânico, mas ele era um cara habituado àquela parafernália. E nem todo mundo era. Aquilo não era um carro.

Aliás, mesmo se tudo desse certo, ninguém poderia garantir que ele conseguiria consertar a cadeira e que estaríamos de volta ao sambódromo antes do início do desfile.

Quando finalmente avistei o motorista, entramos no carro e pedimos que ele corresse o máximo que podia. No caminho, lembrei de quantas histórias aquela cadeira tinha pra contar.

Da vez que embarquei num voo do Rio de Janeiro rumo a São Paulo e a companhia aérea simplesmente ignorou as minhas recomendações. Eu me lembro do sangue subindo, fervilhante, enquanto falava que já tínhamos tido problemas com a cadeira e da cara do despachante dizendo que ela era pesada e que estava mais preocupado com a segurança do voo do que com a cadeira.

Dizer aquilo na frente de uma pessoa cujas pernas eram a própria cadeira, era mais do que uma ofensa. Quando iriam entender isso? Orientei que não mexessem, que a cadeira não desmontava. Em vão, pois ao chegar ao destino a cadeira estava sem uma peça.

Nesses dias, quando as coisas aconteciam dessa forma, eu tinha que aprender a força da resiliência. Eu não era um cara resiliente, mas tinha aprendido a ser mais paciente com o tempo. Tinha limitações físicas, mas aprendera a lidar com outras limitações. As limitações dos outros. E naquele momento, olhando para a minha cadeira, que não andava nem saia do lugar, sem conseguir sair do avião, fiquei pensando em quantas vezes já não tinha tido problemas parecidos. Quantas pequenas coisas que pareciam tão simples para outras pessoas terminavam sendo histórias de superação diárias na minha vida?

O metrô que me levava ao banco na estação Conceição, por exemplo. Para muitos, uma viagem de metrô representava apenas um aperto dentro de uma lata de sardinha fedida pra chegar em algum lugar. Mas para mim era como uma roleta russa.

Chegar ao vagão já era, por si só, uma vitória das boas. Eu precisava pegar um elevador, uma porta. E quando finalmente entrava no primeiro vagão, aquele destinado a deficientes, eu ficava esperando que um funcionário do metrô me apanhasse na estação que eu precisava descer.

Como o vão é muito grande, em alguns lugares é impossível descer. E toda viagem era a mesma história... a estação chegando, aquele frio na barriga.

Lembro-me da primeira vez que passei por isso. O metrô parou e as portas se abriram. Percebera que o funcionário não estava lá. E eu continuava a viagem, aflito, de estação em estação, até encontrar alguma onde o vão não fosse tão grande.

Com o tempo fui ganhando coragem. Ao invés de rodar todas as estações, eu já percebia que não teria um funcionário e já pedia espaço. Dava ré e acelerava, dando um salto com a cadeira.

"Seja o que Deus quiser", disse da primeira vez, enquanto o povo olhava ao meu redor. Alguns aplaudiram. Outros se chocaram. Era raro passar despercebido, mesmo quando estava superlotado. Em certas ocasiões, por ocupar espaço demais, ouvi que deveria andar de táxi. Como se fosse fácil encontrar um táxi adaptado. E também como se meu dinheiro caísse do céu.

Às vezes eu engolia o choro e ganhava autoconfiança. Às vezes eu fingia que não escutava. Mas desde que conhecera esse motorista, ele tinha se tornado um grande amigo.

"Chegamos", ele disse, saltando do carro para falar com o borracheiro.

Dali ainda podíamos ouvir o som das escolas de samba desfilando. Estávamos perto o suficiente para ouvir, mas não tínhamos tanta certeza se conseguiríamos chegar a tempo do desfile.

Vi uma mensagem no celular do amigo da bateria que me acompanhava. A escola estava se formando. Eu tinha pouco mais de meia hora pra que aquela loucura desse certo.

"Você acha que consegue?", perguntei aflito.

O borracheiro olhou para a cadeira, olhou para mim, e foi buscar seus instrumentos de trabalho. Eu me sentia como se estivesse sendo preparado para fazer uma cirurgia.

"Acho que vai dar sim", ele disse sem tirar o cigarro da boca, que mal podia ser vista com uma barba cerrada que ele não deveria aparar há meses.

"Você vai desfilar?", ele perguntou com calma.

Sua calma me dava pânico. Eu não precisava de ninguém calmo. Estava com pressa. Talvez precisasse de gente aflita, que olhasse para o relógio com um olho arregalado, gritasse. Algo como um mecânico de Fórmula1. Mas ele não se parecia em nada com um deles.

"Você vai desfilar por qual escola?", perguntou ainda sem abrir muito a boca.

"X-9", respondi querendo encerrar o papo por ali.

"A X-9 tá com a energia pesada esse ano", ele disse, como quem prevê o futuro.

Eu não queria saber de energia pesada. Não queria saber de nada disso, mesmo assim ele continuou.

"Cada escola é regida por um santo. E esse ano acho que a X9 vai rodar". Após dizer isso, deu uma baforada depois de tragar aquele cigarro de marca barata. Daqueles que só de estar por perto parece que você está inalando um cinzeiro todo.

"Pronto", ele disse, como quem encerra a conversa ao meio.

Eu mal podia acreditar. Estava pronta.

"Vamos", gritei. E saímos em disparada para o carro, na tentativa de chegar ao sambódromo antes da escola começar o desfile.

Meu coração estava disparado, o suor escorria pela testa. Emoção à flor da pele. Comecei a ouvir os fogos, as batidas. Estávamos próximos.

Quando conseguimos entrar na avenida, o choro foi inevitável. Era um choro de vitória pessoal.

Só que a previsão do mecânico estaria certa. A X-9 seria rebaixada naquele ano, um integrante do desfile ficaria gravemente ferido e um carro quebraria no meio da apresentação.

Se a bruxa estava solta, eu tinha escapado dela, num ato de sorte ou de generosidade suprema. Mas a escola de samba não.

Pensei naquele mecânico. Em todas as coincidências e loucuras que já tinha vivido e percebi que muita coisa não fazia muito sentido.

Era como se um cara lá em cima jogasse os dados e as cenas se misturassem o tempo todo, sem dar tempo para que a gente calculasse os riscos.

Que jogo interessante é viver.

Junho de 2016

Lá estava eu nas *pick ups* da maior e mais badalada casa noturna de São Paulo, fazendo uma matéria justamente para um canal de televisão de grande audiência.

Quando entramos lá, com as câmeras ligadas e coisa e tal, senti um frio na barriga. Era diferente da primeira vez que tinha cantado. Porque cantar, seja num bar ou ao ar livre na avenida Paulista, com meu equipamento de som e microfone, me fazia sentir no Rock in Rio. A troca de energia era muito grande.

Estar na cabine de uma casa noturna, selecionando as músicas que fariam parte da vida daquelas pessoas, era uma tarefa que eu considerava importante. A música sempre dava o tom da trilha sonora da minha vida. Na adolescência tinha tido minha primeira banda e havia decidido que não pararia mais com isso.

"Marquinhos, como foi a primeira vez que você veio aqui?", perguntou o repórter.

Um filme passou na minha cabeça. Eu era jovem, bem mais jovem. Um amigo tinha acabado de tirar carta de motorista e passaria lá em casa pra comemorarmos.

"Vamos pra balada hoje", ele disse.

Comecei a pensar na logística da cadeira e ele logo

cortou meu barato. *"Ei, você não vai de cadeira"*. Sem tempo pra responder, deixei que ele me pegasse no colo e me colocasse no carro. Nem imaginava como faríamos, mas a aventura acabara de começar.

Quando ele parou o carro no estacionamento, me pegou no colo como quem carrega uma prancha, de lado. Passamos pela fila e os seguranças se assustaram *"Que porra é essa? Abre aí e deixa eles passarem"*, foi a primeira coisa que ouvi naquela noite antes de furarmos o cordão e entrarmos sem pagar pela lateral.

E assim foi que entramos. A música tocava num som não tão alto a ponto de ser ensurdecedor, nem tão baixo a ponto de dar pra conversar tranquilamente. Estava na medida certa. Subimos as escadas. Eu ainda sendo carregado. Ele me colocou no sofá, onde duas mulheres sentariam logo depois, e saiu para a pista. Me deixou sozinho na balada, sem lenço nem documento.

E se eu quisesse fazer xixi? E se eu tivesse sede? Ele não pensou em nada disso. Foi curtir a noite enquanto eu fiquei sentado a observar a movimentação.

As duas mulheres voluptuosas sentaram, uma de cada lado e começamos a conversar. Eu não tinha muita experiência na arte da sedução e fiquei ali, quieto.

Em determinado momento as duas se beijaram. E eu ali no meio, sem saber o que fazer, sentindo uma atração fenomenal, embora não tivesse a menor ideia do que estivesse acontecendo.

"Foi interessante", respondi para o repórter, sem contar os detalhes sórdidos.

Enquanto ele fazia as perguntas, todas as outras experiências relacionadas à boate passavam pela minha mente. Lembre-mei de quando fora atacado por algumas mulheres e chegara em casa cheio de marcas de batom ou então quando saí certa vez às sete da manhã e uma mulher na faixa dos 40 me pediu para que a acompanhasse até o carro, uma BMW novinha, e eu recusei, dizendo que era casado, e ela me ofereceu cinquenta reais para que passássemos dez minutos juntos (e eu recusei!). Esses instantâneos vinham à minha mente em uma torrente de recordações.

Eu percebia cada vez mais que estava inspirando pessoas a serem felizes. Comentei do Vitinho, um menino com a mesma deficiência que eu, que conhecera numa sessão de fisioterapia. Do Alexandre, um policial tetraplégico que tinha mudado a maneira de encarar a vida depois de assistir uma matéria sobre mim. Então percebi que estar ali, diante das câmeras, tinha um propósito maior. Tocar numa balada era mais que proporcionar momentos de diversão para as pessoas. Era mostrar para elas que todos podem fazer o que quiserem com suas vidas.

Uma vez ouvi de um apresentador de TV durante uma entrevista que até me conhecer ele vivia reclamando de problemas simples. E que tinha encontrado coragem pra encarar a vida de frente.

Como podemos viver sem coragem? E coragem é muito mais do que pular de paraquedas, entrar no mar ou pegar uma onda, fazer coisas que peçam adrenalina correndo nas veias. Coragem é um estado de espírito.

Acordar todos os dias e ter uma vontade violenta de seguir em frente apesar de qualquer coisa que queira te empurrar pra trás. Não dá pra se enganar. Cada um carrega consigo um monstro, que pode ou não ser alimentado. Ele fica ali, dentro da mente, tentando sabotar nossos dias, tentando dizer que não é possível, tentando ditar o ritmo dos nossos passos. E se dermos ouvidos a ele, ficamos estagnados. Não conseguimos avançar. Porque é comum ser pautado pelo medo. É comum deixar de fazer as coisas com desculpas esfarrapadas, ou acreditando que certas coisas não vão dar certo.

Talvez esse seja o diferencial que tanto inspira as pessoas quando me veem - eu não acredito nessas probabilidades. De acordo com elas, eu não poderia estar vivo desde o dia em que entrei naquela sala de cirurgia. As chances eram de 10%.

Mas eu sou os 10%. Os 10% que provam que, se a gente acreditar, tudo muda a cada fração de segundo. E mesmo sem ter toda essa confiança, mesmo sem entender que eu podia mudar o resultado a partir do que projetasse para o meu futuro, eu já alimentava uma fé maior do que tudo que poderia me amedrontar. Maior do que o monstro e também maior do que eu mesmo.

Às vezes ouço conversas – escuto muita coisa e fico quieto. Pessoas fazendo pequenas sacanagens uns com os outros, achando que estão levando vantagem, e pensam que rir dos defeitos das pessoas é a grande sacada. Mas, acredite – todo mundo tem problemas. Não adianta tentar escondê-los. Alguns são mais visíveis – e físicos. Mas outros são falhas de caráter e permanecem escondidos por um bom tempo.

Na vida, tudo depende da maneira como reagimos aos fatos. Como lidamos com eles. É dessa forma que eu posso garantir que o frio na barriga pertence a quem não tem medo de tentar. De cair e de levantar. Muitas e muitas vezes.

Houve um dia que nem dormi de felicidade antes de andar de *skate* num grande campeonato. Era um evento profissional, uma etapa importante, e eu estava numa ladeira que poucos conseguiam descer. O tal do 'nível avançado' que a gente chega no videogame quando passa por várias fases.

Ninguém rouba de mim a sensação de descer aquilo, junto com outros atletas consagrados. E talvez isso me faça diferente de tanta gente que vejo por aí: a vontade de ir mais longe. Tem gente que não gosta da palavra superação. Acha que não temos que superar nada, pois ficamos frustrados quando não conseguimos transpor um obstáculo e aquilo faz mal.

Mas o que seria de nós sem essa tentativa constante de evoluir? O que seria de nós se fôssemos massacrados pela rotina que nos consome e engole nosso tempo como um aspirador de pó? O que seria de nós se não usássemos toda a capacidade que temos. Todas as partes do nosso corpo, todos os recursos disponíveis ao nosso redor?

Sou um cara que bate muito na tecla dos recursos disponíveis. Sim, desde bebê, enquanto não conseguia engatinhar, eu me arrastava no chão. E percebia que podia ser rápido. Muito rápido.

Minha irmã Nina, alguns anos mais velha, tentava me impedir de pegar seus brinquedos, de mexer nas suas coisas, mas eu via aquele impedimento como um novo desafio. E rolava com a maior velocidade que podia até alcançá-la quando ela tentava fugir. Não havia nenhuma dificuldade de locomoção quando chegou a época de andar. Eu ia rolando, me levantava nas coisas, mordia a canela das pessoas quando contrariado, e brigava feito gente grande.

Eu me lembro de um dia que ela tentou me driblar, levando um chocolate para perto do sofá e se exibindo, dizendo que não ia me dar nenhum pedaço. Segurei no braço do sofá com o braço e pulei, arrancando-o do dedo dela com a boca. O resultado? Acabei mordendo seu dedo, que ficou inchado por alguns dias.

Ser criança era uma época de descobertas. E cada uma delas fazia com que eu me sentisse mais curioso a respeito do mundo. Conforme percebia como as pessoas me enxergavam, eu desenvolvia uma maneira de provar a mim mesmo que elas não estavam certas. Não admitia que me vissem como diferente. E até hoje não admito.

Por não ter tanto osmembros inferiores quanto os superiores, podem dizer qualquer coisa, menos que eu não tenha capacidades como as de qualquer outro adulto.

Mas quando sento em casa, no vazio da noite, sozinho com meus pensamentos, às vezes me pego pensando por que essa tentativa de provar o tempo todo que sou capaz?

Uma vez me perguntaram se eu não me cansava. Sim, às vezes eu fico cansado. Mas a força da minha mente não permite que eu me deixe tombar nos momentos de fraqueza. É nessas horas que consigo extrair meu poder. Que percebo que minha maior força é resistir. É ir em frente. É, mesmo com as condições desfavoráveis, entrar em campo e jogar.

Fazer gol sempre foi uma consequência de um bom jogo. E eu nunca desisti no meio da partida.

Tem gente que acha que seria melhor morrer a viver sem braços e pernas. Essa é a reação básica das pessoas que estão na zona de conforto. Mas quando estamos ali, diante da situação que a vida nos apresenta, só nos restam duas opções: enfrentar ou desistir.

E desistir foi uma opção que jamais considerei.

Talvez a grande diferença para mim seja que nasci nessas condições. E por nascer assim, já aprendi, desde cedo, a viver a vida como ela se apresentava. As dificuldades sempre foram superadas à medida que apareciam - e mesmo que tenham sido muitas – nunca foram nenhuma novidade para mim.

Nas palestras que ministro, vejo que minhas palavras acabam sendo um divisor de águas na vida das pessoas. E eu acredito, cada dia da minha vida, que estou mais próximo da minha missão – que é inspirar e transformar a vida de pessoas.

Minha vida nunca foi uma vida comum. Intensa demais, cheia de aprendizados e desafios que me levaram a querer ir além do óbvio. E eis que de repente eu estava diante de uma pergunta feita no meio de uma palestra, pensando em como responder aquilo.

Tinha acabado de falar sobre a vida, sobre a importância de alguns valores e da postura diante dos problemas, quando um rapaz de camiseta cinza, com uns rabiscos cor de rosa, levantou a mão.

Eu sentia que aquela seria uma pergunta curiosa.

"Como sua família encarou o seu nascimento? Você acha que também veio ensinar algo a eles?"

Tinha acabado de falar sobre termos uma postura proativa perante a vida, transpor limites, ativar uma mudança comportamental maximizando a motivação pessoal de cada um, e ele me vinha com uma pergunta dessas? Percebi o olhar das pessoas. Era uma curiosidade natural.

"Quando eu nasci tudo indicava que eu seria uma criança normal", comecei, embargando a voz ao dizer "normal", porque eu jamais me considerei "anormal.

"Minha mãe tinha feito exames que apontavam que eu seria forte e saudável", relatei a seguir, ganhando forças para contar o restante da história. "Apesar da minha mãe dizer que fui uma criança planejada, há fortes indícios de que não, já que ela usava DIU quando engravidou".

A plateia estava quieta. Não se ouvia um suspiro sequer.

"No dia 6 de fevereiro de 1982 eles seguiram para o hospital. Tinham optado por agendar uma cesárea e estavam tranquilos. O quartinho estava pronto, as roupinhas também. E todos estavam felizes, aguardando o momento de começar a cirurgia".

Tomei fôlego pra continuar:

"Ouvi essa história dezenas de vezes. E sei de cada detalhe, embora não possa dizer com 100% de certeza de que tudo isso tenha acontecido de verdade"

Olhei para o cara de cinza. Ele estava calado, me observando com seu olhar ávido pela resposta. Prossegui:

"Minha mãe foi preparada para ir ao centro cirúrgico, como é de praxe quando se agenda uma cesárea. Meu pai ficou ali, esperando no corredor. Queria participar daquele momento, mas esqueceram de chamá-lo. Paramentado, ficou no corredor esperando notícias que nunca vinham. Isso gerava uma angústia ainda maior. Era como se ele pressentisse que algo estranho estava para acontecer. Algo que, de certa forma, mudaria o rumo de suas vidas. Minha mãe foi anestesiada. A anestesia pegou forte e ela acabou adormecendo em pleno centro cirúrgico.

Para o obstetra, era apenas mais um nascimento. Acostumado com as cesáreas de rotina, ele faria uma série de procedimentos calculados e tiraria o bebê da barriga da mãe. Seria simples e rápido. Os anos de medicina tinham ensinado aquilo a ele. Mas ninguém ensina na faculdade a lidar com emoções. Ninguém ensina. E um médico daquele padrão, simplesmente sucumbiu a elas quando esteve diante do inesperado.

Ele podia ser um ótimo obstetra e um exímio cirurgião, mas não conseguiu lidar com a surpresa que a vida lhe trouxe. Quando deu de cara com um bebê com má-formação, ele passou a criança para a enfermeira e imediatamente desmaiou. A sequência dos fatos foi desastrosa, porque havia uma mulher aberta na mesa de cirurgia. Com a ausência do médico, tiveram que correr para chamar outros profissionais que terminassem o trabalho incompleto.

Para piorar o cenário, nenhum deles sabia como dar a notícia ao meu pai, que aguardava ansioso no corredor, ainda esperando que fosse chamado para participar do nascimento.

Logo que avistou o médico todo paramentado, com uma expressão que denunciava que havia alguma coisa errada, meu pai entendeu que algo havia saído da rota. Sua primeira reação foi achar que algo acontecera comigo. Mas o médico deu a notícia com pressa, sem poupar nenhum detalhe. E saiu, ansiando por se desfazer daquele trauma.

Meu pai ficou ali, inerte. Com uma batata quente nas mãos, sem entender pra quem jogar. E lá foi ele conversar com meus avós, que aguardavam notícia do tão esperado netinho.

Era hora de encarar os fatos. Embora os fatos não fossem assim tão agradáveis. Contou tudo, que a criança tinha nascido sem braços e pernas. E o choque foi tão grande que meu avô caiu duro no chão. Era a segunda vítima do meu nascimento".

Parei de contar e a plateia ainda estava calada. Absorvendo tudo, tentando assimilar o que eu havia dito, mas curiosa pelo desfecho.

"Minha mãe ficou desacordada durante horas. Sedaram a coitada com medo de dar a notícia e ela entrar em pânico. Quando o efeito dos sedativos passava, ela perguntava do filho e as respostas eram as mais bizarras possíveis. Como dar essa notícia para uma mãe?

Às vezes me pergunto se essa anomalia por acaso tivesse aparecido em um ultrassom nos primeiros meses da gravidez, se eu estaria aqui para contar essa história. Sei que muitas famílias optam pelo aborto quando se veem diante de uma situação difícil de lidar. Será que eu teria sido abortado se meus pais soubessem de antemão que eu nasceria desse jeito?"

Percebi que alguns choravam, enquanto outros continuavam engolindo a seco.

"Minha mãe ficou extremamente chocada quando meu pai deu a notícia. Qualquer mulher ficaria. Mas ela soube lidar com isso. Em nenhum momento se lamentou. Forte, ela dizia que eu teria uma vida digna. E seria criado, acima de tudo, como uma criança normal."

Não sabia até que ponto continuar aquele discurso. Tinha muito mais coisa para dizer, mas seria necessário?

"Depois que fomos para casa, meus pais começaram a buscar informações. Era a eterna busca dos "porquês". Foram atrás de médicos renomados, e nada de encontrar resposta alguma. Até que um dia, através de um médico norte-americano, souberam que eu tinha nascido com uma doença conhecida como Síndrome de Hanhart, uma enfermidade raríssima que não afeta o crescimento e preserva a inteligência. E começaram a lidar melhor com aquilo. Claro que houve momentos em que não souberam lidar comigo. Acredito que isso possa acontecer independentemente de o filho ter ou não uma deformidade. Afinal, pais são seres humanos como nós. Podem até ser despreparados, na maioria das vezes, para enfrentar os conflitos que a vida apresenta. Já recebi muito carinho, mas também tive momentos onde os cuidados comigo foram 100% terceirizados. Eu me lembro de, ainda criança, passar o final de semana na casa do motorista, que cuidava de mim com sua esposa.

Talvez tenha sido uma das maiores provas que meus pais receberiam. Mas eles fizeram o que podiam, com os recursos que tinham. Na verdade, precisavam de recursos psicológicos e emocionais, porque eles não tinham nenhuma referência parecida.

Uma vez meu pai me contou uma história sobre como cada um pode ter um propósito na vida. Eu estava me perguntando porque tinha sido 'sorteado' com aquela doença, e ele teve a delicadeza de dizer que tínhamos que nos aceitar do jeito que somos. Pois essa era a única maneira de realizar nosso propósito nesse mundo.

A história que ele contou era de um rei que não acreditava na bondade de Deus e tinha um servo que o acompanhava em todas as situações. Sempre que o rei reclamava, o servo dizia que Deus fazia tudo perfeito e não errava nunca. O rei não acreditava naquilo e certa vez, quando saíram para caçar, uma fera atacou o rei e fez com que ele perdesse um dedo da mão.

O servo conseguiu matar a fera, mas não pôde evitar aquela tragédia. O Rei, nervoso com aquela situação, disse que se Deus fazia as coisas tão perfeitas, como não pôde evitar aquilo?

E o servo continuava a dizer que Deus nunca errava.

O rei não tinha gostado da resposta e mandou prender o servo que lhe salvara da morte. Tempos depois, o Rei foi a outra caçada, sem seu servo. Foi capturado por uma tribo de canibais que fazia sacrifícios com humanos para seus Deuses. Prontos para sacrificar o rei, perceberam que ele não tinha um dedo e o soltaram. Não podiam oferecer um cara sem dedos.

Quando voltou para o palácio, o rei mandou soltar o servo. E o agradeceu. Mas estava intrigado: se Deus era bom, por que tinha deixado que ele o prendesse?

O servo respondeu com sabedoria. "Se eu tivesse ido com o senhor, eu teria sido sacrificado nessa caçada".

Quando contei essa parábola, a maioria dos presentes chorava, emocionada.

"Acho que às vezes é natural que a gente reclame da vida", comentei. "Que a gente se queixe das coisas que não dão certo, focando só nas partes ruins. Mas a gente esquece que nada é por acaso. Que tudo tem um propósito e uma razão de ser. E quando as pessoas me veem como um exemplo, quando me dizem que se inspiram a partir das minhas histórias e da minha maneira de encarar a vida, sei que sou só uma peça nessa engrenagem. E que cada um tem o seu propósito."

O rapaz de camiseta cinza permaneceu imóvel. Saiu de onde estava, caminhando normalmente e foi até a frente, onde levantou uma das calças até o joelho, exibindo uma perna mecânica.

"Por muito tempo eu me puni por ser assim. Não me aceitei. Tive raiva, tive medo. Culpei as pessoas, culpei a gestação da minha mãe, culpei minha família. Culpei Deus. Culpei a vida. Hoje, pela primeira vez, me sinto um idiota por tudo isso. Um idiota por não reconhecer durante tantos anos o que era óbvio. Já pensei em me suicidar quando fui rejeitado por uma namorada que descobriu que eu não tinha uma perna. Já me tranquei no quarto por semanas. E hoje, aqui, quero agradecer minha mãe por ter me trazido aqui"

Todos da plateia se levantaram, em lágrimas, e aplaudiram aquele rapaz.

Eu não podia me levantar, mas minha alma se elevara ao máximo. Era a beleza daquele momento que me fazia ir adiante. Era aquele pequeno depoimento que me tornava mais forte.

E se até aquele dia eu ainda porventura duvidasse do meu propósito, aprendi que tudo tem a hora certa. E chega até nós quando a gente menos espera. Ou quando estamos preparados para receber.

Saí daquela palestra transtornado. A emoção tinha me pego de surpresa. A intervenção daquele rapaz me comovera. E eu me sentia com o corpo pulsando. Células à flor da pele. Era como se tudo fizesse ainda mais sentido.

Quantas vezes tinha perguntado a mim mesmo o porquê de tudo isso. Mesmo com a explicação técnica, de que minha mãe engravidara com DIU e quando o retirara alguma membrana fora danificada, fazendo com que eu nascesse diferente, eu tinha a impressão de que não era preciso dar explicações, pois tudo era como a parábola.

Olhei no espelho e vi um Marcos saudável, bonito, cheio de energia, próspero e inspirador. Era essa a imagem que tinha dentro de mim. Era essa a imagem que as pessoas viam.

Nos últimos anos tinha passado por algumas dificuldades, mas quem não passa? Se eu ficasse estagnado me questionando sobre o porquê das coisas, sem agradecer e entender que a vida é breve e vai passar num piscar de olhos, nenhuma evolução seria feita. Nenhum aprendizado. Ah, os aprendizados, estes sempre eram intensos.

Minha memória puxava *flashes* dos dias na faculdade

de Direito. Da infância na escola. E o fato de eu nunca ter estudado em escolas para pessoas especiais era um grande diferencial. A meta da minha mãe era clara – que eu me formasse de igual pra igual.

Lembrei de como tínhamos comemorado a Lei de Cotas, que favorecera não só a mim como todos os deficientes do Brasil. De como via olhares tortos quando dizia que as limitações estavam dentro de cada um, e que se a gente não tentasse, não encontraria meios de cumprir a nossa jornada.

Minha vida foi passando lentamente diante dos meus olhos. O dia em que voltei à praia depois da cirurgia da escoliose, e não podia me segurar na muleta. Os olhares de pena de cada um até que eu pedisse para que cavassem um buraco onde pudesse entrar e ganhar sustentação para que o mar não me levasse embora e minha coluna continuasse reta. E fiquei ali, presente para essas lembranças. Contemplando cada segundo que tinha movimentado tantas forças internas dentro de mim.

Já tinha ouvido falar de muitas pessoas nascidas em berço de ouro, com todas as condições favoráveis à sua disposição, mas que se sentiam enjauladas pela vida. Que não desfrutavam seus dias e não conseguiam vivê-los em sua totalidade.

Ao mesmo tempo, lembrava da história de um cachorro, o Faith. Que nascera sem as patas superiores e andava como um ser humano. Sim, como não podia andar como um cachorro sobre as quatro patas, ele tinha encontrado uma maneira de consertar isso.

Sempre há uma maneira de adaptar e seguir em frente. Por isso sempre estranhei quando vi gente reclamando da vida sem fazer nada pra mudar o quadro à sua volta. Talvez meu grande segredo tenha sido esse – não reclamar, encarar os desafios e seguir em frente.

Eu me vi ainda pequeno, diante da minha família, louco pra jogar *videogame*. As vozes ao meu redor diziam "como você vai fazer isso?" Não por maldade, mas por não conseguirem entender que eu ia dar um jeito. Eu tinha sete anos.

Minha mãe, sacando que eu ia me virar, me deu um de presente. Lembro da expressão dela ao chegar em casa e me ver transbordando de felicidade. Era um Atari. Com botões e um *joystick*. Fiquei um pouco frustrado de início, olhando para aquele negócio diante de mim, sem saber como fazer, e escolhi jogar. Mas, como?

Comecei a calcular o que poderia ser feito. Olhar os recursos disponíveis ao meu redor. E avistei uma mesinha. Parecia perfeita. Pedi para que a arrastassem e coloquei o *joystick* ali em cima. Cada braço tinha uma função – um deles me ajudava a girar o controle e o outro a apertar os botões. Aconteceu o que parecia impossível. No primeiro jogo percebi que tinha facilidade de lidar com os botões todos, e que tinha uma coordenação fantástica.

Aos sete anos ganhei meu primeiro campeonato de videogame. Chamei os amigos na minha casa, uma semana depois, e consegui vencer de todos eles, que, mesmo com braços, mãos e membros inferiores, não tinham tanta vontade de ganhar e de mostrar que eram capazes.

Aquela vitória era uma espécie de autopromoção. Naquela época eu não queria apenas mostrar que era capaz de acompanhá-los. Queria provar que podia ser melhor que eles, caso quisesse. Talvez aquele instinto competitivo não fosse assim tão adequado naquela idade. Mas ele me dava forças para entender que eu podia.

Com o avanço da tecnologia vieram novos botões, e eu fui me adaptando – desenvolvi um meio de jogar com um braço só. Quanta coisa tinha acontecido em trinta e poucos anos... A descoberta da música no primeiro colegial, onde formei minha primeira banda. A escolha em ser vocalista. A surpresa ao ouvir minha própria voz e entender o quanto eu era capaz e quantas qualidades tinha a desenvolver. Os shows, a decisão de não parar de cantar, mesmo separado dos colegas de colégio que tomaram novos rumos após o vestibular, a nova rotina de bares, boates, a primeira vez que fomos contratados para tocar numa missa de sétimo dia e as apresentações aos finais de semana na avenida Paulista.

Eu estava orgulhoso de mim mesmo. Mesmo em meio a tantas adversidades, eu era um cara que superava o temor de fracassar. Sim, ele vinha constantemente. E me jogava contra a parede com choques de realidade que me tiravam do prumo. Mas vencer esse medo era minha realidade diária. Toda vez que entrava num lugar, e não era adaptado a deficientes. Cada dia que saía de casa e lidava com olhares de desconhecidos. Em situações onde eu esperava empatia e só recebia farpas.

Era lidando com o dia a dia que eu era continuamente talhado, mesmo com tantas desconfianças, tanto desamor. Mesmo comendo o pão que o diabo amassou em dias de fúria, eu percebia que precisava me manter firme. Precisava ir adiante. Que não adiantava deitar, rolar e chorar feito uma criança que não sabe lidar com frustrações.

Numa época em que 17 milhões de pessoas se medicam para não lidar com o sofrimento que as imobiliza, eu podia bater no peito com orgulho e dizer que eu tinha aprendido a seguir adiante apesar de me ver diante de desafios que pareciam muitas vezes intransponíveis.

Ouvi baterem na porta. Era hora de ir. Tive a intuição de que algo grandioso estava prestes a acontecer. E nem imaginava o que estava por vir.

O público lá fora gritava com as atrações que eram anunciadas. De repente fez-se um silêncio. Dentro daquele silêncio, comecei a ver o telão, que mostrava uma grande intervenção no Centro de São Paulo. Ali, uma tela se formava, gigante, com uma foto de uma criança sem braços e pernas.

Eu era aquela criança do *outdoor*. E cada pessoa que passava por ela, baixava a cabeça, num sinal de pena. Uma voz surgiu ao fundo com as estatísticas: "A cada dez brasileiros, dois têm algum tipo de deficiência. Motora, auditiva, visual ou intelectual. Muitos poderiam estar exercendo uma profissão, mas metade está fora do mercado de trabalho".

Depois, os comentários dos transeuntes que passavam pela foto no meio da cidade. Alguns diziam-se chocados, outros não imaginavam nenhum tipo de profissão para aquela criança.

"Vai depender dos outros, o que é a pior coisa do mundo", disse um deles.

Eu ouvia aqueles comentários com lágrimas nos olhos. Estava prestes a entrar no palco de um grande evento, o Criança Esperança, da Rede Globo. Estávamos ao vivo, e o Lázaro Ramos dizia que a maioria das pessoas ouvidas na pesquisa diziam que ninguém imaginava uma profissão possível para essa criança. A atriz Dira Paes, que o acompanhava na apresentação do programa, completava que esse menino da foto não era mais uma criança.

Eu me vi na sala de aula como um estudante de Direito numa faculdade sem a menor infraestrutura para deficientes, banheiros adaptados e com dificuldades quase intransponíveis, como um auditório no último andar. Lembrei de todos os amigos que me ajudaram a chegar lá para assistir as aulas extracurriculares sem as quais eu não teria me formado. Recordei-me também o dia da minha formatura no qual nada poderia me dar acesso ao palco com minha cadeira de rodas para pegar meu diploma, e como um amigo me carregou até lá. Eram cenas de uma vida bem vivida.

"Dessa foto para hoje já se passaram vinte e seis anos", disse a Dira Paes, me trazendo de volta ao momento presente.

Quando fui chamado ao palco, e ovacionado pela plateia, com todo o elenco global me aplaudindo de pé, percebi que a minha contribuição para o mundo estava apenas começando.

Esperança. Essa era a palavra que eu ajudaria a disseminar para milhões de pessoas que assistiam àquele programa. Para muitos deles que estavam em situações vulneráveis, desacreditados da vida por não terem algum tipo de deficiência.

A primeira pergunta que tive que encarar, diante de tanta gente, foi "o que você faz hoje?" E ninguém parecia acreditar no que ouvia. Aquela definitivamente não era a resposta que esperavam.

"Faço bastante coisa. Sou formado em Direito. Sou palestrante motivacional, trabalho em um grande banco, gosto de surfar e sou *DJ*, como se vê, tenho uma vida bem agitada. Costumo dizer para as pessoas que a limitação é um conceito que está dentro da cabeça delas. Você tem que acreditar naquilo que você sonha, nos seus desejos, e ir atrás. Determinação e motivação foram essenciais para que eu chegasse até aqui. Determinação foi as minhas pernas e motivação os meus braços e com eles chego onde meu coração mandar".

Na sequência, me vi sendo desafiado. Tinha que tocar caixa, ao vivo, para um cantor fazer sua *performance* da música. Fui entrando no clima, deixando que aquele som me contagiasse, e assim, eu desempenhava meu papel de levar as pessoas a um outro patamar.

Perguntando "o que é impossível para você?"

Ele pediu um café e não adoçou. Disse que estava acostumado com o amargo da vida.

Marcos, não tem sido fácil ser eu – disse, com seu terno impecável e cabelos levemente despenteados. Aparentemente ele estava ok.

João, eu queria entender melhor o que não está sendo fácil para você neste momento.

Ele me lançou daqueles olhares que são capazes de fuzilar um inimigo e disse, sem nem prestar atenção no discurso.

A crise está de lascar. Para mim, que sou executivo, tenho sofrido pressão de todos os lados. Meus funcionários me odeiam porque eu cobro resultado deles, vivo apagando incêndios na empresa, não tenho tempo para nada, minha produtividade está terrível porque eu não consigo me organizar nesse caos, mal me alimento, nem vejo minha família e meu peito parece ter sido metralhado no final do dia, tamanha a pressão que sinto. Acho que vou acabar morrendo em menos de um ano.

Olha, eu entendo as suas dores – comecei – mas se me permite dizer, você tem todos os recursos disponíveis para mudar isso tudo.

Ele repousou a xícara sobre o pires e por um segundo

pensei que estivesse congelado. Sua expressão ficou imóvel. Parecia ser de raiva.

Marcos, eu até entendo que você faça palestras motivacionais, é tudo muito legal. Você tem suas deficiências físicas, mas não é porque eu não tenho nada visível é que eu não tenha limitação. Você consegue entender isso?

O jogo era outro. Eu entendia bem o que eram limites físicos. E sabia mais que ninguém que os limites que não eram físicos eram ainda mais terríveis que os que podíamos ver.

Sei bem do que você está falando. Na minha trajetória no banco eu vi pessoas crescendo, outras descendo. Perdendo por não terem base de sustentação. Talvez pela minha deficiência eu tenha me tornado um grande observador. A gente podia ficar debatendo isso aqui por horas, mas ao longo do tempo, depois de presenciar tanta coisa, aprendi o que eu chamo de mandamentos da qualidade.

Entendi. Você está supondo que eu não tenha qualidade no meu trabalho, é isso?

Ele estava claramente na defensiva.

Não, João. Olha só: quando você acorda, qual a primeira coisa que lhe vem à cabeça?

Ele me olhou ressabiado, mas respondeu sem pestanejar.

Contas para pagar. Dinheiro para fazer.

Pois é. Dívidas. As dívidas atraem o medo. Você fica preso nessa coisa horrorosa que a gente chama de bola de neve negativa. Você fica pensando que tem que conseguir mais dinheiro porque não tem. E fica com medo de ficar sem dinheiro, e depois acaba pensando em tudo que pode dar errado e fazer com que você fique numa posição ainda pior, porque pensa nisso enquanto assiste um jornal com notícias desastrosas sobre aumento de preços, crise, etc.

Ele estava desarmado. Ficou me observando até que eu continuasse.

A primeira coisa que eu percebo que faz diferença no meu dia quando eu acordo é pensar positivo. Se uma coisa deu errado ontem, por exemplo, eu não deixo que aquilo me afete o resto do dia de hoje. Por exemplo, outro dia eu tive uma diarreia e não pude ir trabalhar. No meu trabalho eu não vou ao banheiro comum. Vou até a enfermaria, que fica em outro andar, para que a enfermeira me ajude com isso. Visualizou? Pois bem, imagine só que eu estava com diarreia. Não daria tempo de sair do meu andar, pegar o elevador e chegar na enfermaria para fazer as minhas necessidades, ok? O que eu fiz? Fiquei em casa. Mas tive de ouvir de um colega de trabalho uma pergunta no mínimo constrangedora: ele me perguntou porque eu não ia trabalhar de fralda.

Ele ficou estático. Um pouco envergonhado.

Por algumas horas, durante o dia, depois de responder para essa pessoa, fiquei chateado. Mas no dia seguinte, quando levantei para trabalhar, pensei qual seria o sentido de ficar remoendo aquilo até chegar no trabalho. Iria adiantar alguma coisa pensar nas dificuldades que eu enfrento todos os dias para ir ao banheiro, comer ou chegar ao trabalho? Não. Então eu acordei e agradeci porque estava melhor, pensei em partes boas da minha vida, como quando andei de caiaque ou desci de tobogã na água. Pensei na sorte que tenho de ter uma mulher que me ama, é companheira, que divide a vida comigo no sofrimento e na alegria, pensei em como é bom trabalhar, ter um emprego e poder produzir como qualquer pessoa. Pensei em quanta gente vive inspirada com o meu exemplo. E nesse dia saí para trabalhar. O que aconteceu? No caminho um cara veio correndo em minha direção e me parou. Eu achei aquilo estranho, mas ele me disse que tinha se curado de uma depressão por minha causa. Achei estranho, eu nem o conhecia. Ele disse que estava desmotivado, e começou a perceber que todos os dias no mesmo horário eu saía para trabalhar. Ele tinha me visto na chuva, com uma capa sobre a cadeira de rodas, e sorrindo. E percebeu que eu poderia ter todos os motivos para reclamar e não reclamava. Seguia em frente. Ele mudou a vida dele a partir de uma observação. Isso fez com que aquele comentário do dia anterior simplesmente se dissipasse. O que é maior? Inspirar alguém! Se eu tivesse sido contaminado pelo comentário infeliz do colega de trabalho, no dia seguinte iria acordar de cara amarrada, ir de qualquer jeito trabalhar, e isso se tornaria uma bola de neve, porque eu fatalmente não iria produzir bem, e meu rendimento a longo prazo iria cair.

Ele baixou a guarda. Parecia estar escutando e entendendo o que eu queria dizer.

Eu prezo por ser educado – continuei – por mais que eu receba hostilidade. No meu trabalho eu cumprimento cada um quando chego, e nunca vejo um silêncio frio no elevador. Eu uso as oportunidades que tenho de interagir com as pessoas para tentar transformar tanto o dia delas quanto o meu. Porque acho que o trabalho tem que ser um lugar legal, um lugar gostoso para se estar. Ninguém está indo para a forca.

Esperei para ver se ele tinha alguma coisa a argumentar, mas ele esperava que eu continuasse.

Eu ligo meu computador e sou super metódico com isso. Sou o cara mais organizado do mundo. Faço uma ordem de atividades em prioridades, e reservo um tempo para as emergenciais. Como eu prezo pela qualidade do trabalho, fico sempre atento para não cair em armadilhas. Sou prevenido quanto a isso. Se por exemplo eu vou até a copa almoçar e ouço alguma conversa não me deixo envolver. Acho um erro brutal quando as pessoas recebem informações e repassam sem saber dos detalhes e sem ter alguma certeza. Já vi muitos boatos sendo fatais no ambiente de trabalho justamente porque as conversas de corredor tomaram proporções inacreditáveis. Ao mesmo tempo que não deixo minha mente poluir com coisas negativas e fofocas de corredor, sou atencioso com quem vem me procurar para conversar. Acredito que esse seja um diferencial, um ativo que eu tenho. As pessoas querem ser ouvidas.

E se naquele momento eu não puder dar atenção, vou dar o meu melhor e marcar uma conversa depois. E por mais que as coisas estejam corridas, nunca, de maneira nenhuma, eu deixo de me alimentar na hora do almoço. Isso é sagrado. Tenho que respeitar as minhas necessidades. Um corpo fraco faz a pessoa se sentir mais indisposta, mais irritada. As tarefas urgentes podem esperar, mas seu corpo não. Ele é sua prioridade. Ele é sua máquina, sua ferramenta de trabalho. Você só tem ele. Quanta gente já não vi cair doente depois de ficar sobrecarregada e aí teve que pedir um afastamento de dias ou anos para se recuperar? Observando as pessoas eu aprendo muita coisa. Vejo gente sem respeito com as outras, sem paciência, querendo mostrar que está com a razão, inventando mentiras. E gente se afastando do principal que é a família. Tudo isso por conta do trabalho. Se tem uma coisa que eu faço com maestria é, ao sair do escritório, deixar as coisas do trabalho lá mesmo,. Não as levo comigo para casa e também não deixo que elas contaminem minha relação com as pessoas que eu amo. As preocupações não podem fazer isso com a gente.

Era engraçado como, em poucos minutos de conversa, ele tinha se transformado.

Eu não tenho dúvidas de que existe crise, de que existe um mercado de trabalho massacrante, que tem gente descomprometida, e tudo mais. Mas tem coisas que a gente pode e deve mudar. Não adianta reclamar, fazer o discurso de vítima do mundo que isso não vai mudar nada.

Ele respirou fundo e afrouxou o nó da gravata.

Sabe, Marcos. Eu vou te dizer uma coisa. Pela primeira vez na vida eu reclamo de alguma coisa para alguém que não compra meu discurso. É difícil perceber isso, mas agora eu vejo bem claramente. As pessoas acabam se contaminando e alimentando esse estado. E às vezes eu saio das conversas mais aliviado, mas não deixo de estar preocupado. Porque eu passo adiante os meus dramas, mas não resolvo. Eu percebi nesses minutos o quanto você é comprometido em mudar pequenas coisas e vejo que tenho tanta coisa na minha mão e não consigo fazer nada para mudar, não me esforço para isso. Eu sou um péssimo líder, sou um cara que não tem muito tato com as coisas. Creio que devo ser mais parecido com o cara que te falou se você podia ir de fraldas trabalhar do que uma pessoa que olha para o outro com cuidado. E é foda perceber isso porque eu poderia transformar pessoas. É para isso que estudei quando quis ser empreendedor. Tanta coisa se perdeu pelo caminho e sair do controle só prova que eu fui deixando a vida me levar.

Enquanto ouvia ele falar, eu me lembrava da conversa que tivera com meu pai e mudara a minha vida profissional. Estávamos em casa, num dia de chuva, e ele olhava para uns papéis enquanto eu contava alguns casos sobre o meu trabalho. Tinha acabado de ingressar no banco, e estava empolgado demais com as coisas que aprendia por lá. Em algum momento ele me olhou e disse:

"Filho, o sucesso está relacionado a um tripé. É o que chamo de teoria do sucesso."

Após dizer isso, pegou uma caneta para rabiscar num papel que estava sobre a estante.

Imagine um banquinho com três pernas.

Fiquei olhando para a cara dele tentando imaginar, mas só conseguia prestar atenção em como as rugas tinham aparecido de repente em sua testa.

Um banquinho daqueles que se tira leite de vaca, sabe?

Desse jeito ele conseguiu despertar a minha atenção.

Pois é, o tampo do banquinho é o seu sucesso profissional, que será sustentado por estas três pernas – se uma delas falhar, o seu sucesso cai.

Essas pernas devem ser: atitude, comportamento e *performance*. Ou seja, a gente não pode ficar esperando que alguém diga o que a gente tem de fazer. Não tem de esperar ninguém pegar a gente pela mão o tempo todo. Tem que ser proativo, se antecipar.

Eu sorri enquanto lembrava de um episódio que

presenciara aquele dia, no qual eu fizera exatamente o que ele tinha dito, mesmo sem imaginar que aquilo fosse me levar a algum lugar.

Tem outra coisa: ninguém tem que ser um robô no trabalho, mas trabalho é trabalho e mesa de bar é mesa de bar. Trabalho é o ambiente onde a gente tem que se portar de uma outra maneira. Tem que ter um comportamento compatível. Não é para jogar conversa fora, fazer fofoca, contar piada. Para isso tem o bar. O trabalho precisa ser descontraído? Claro que sim, mas em primeiro lugar você tem que lembrar que uma empresa está lhe pagando pelo seu tempo de produção. E enquanto estiver ali, seu tempo é da empresa; portanto, tenha um rendimento adequado.

Continuei prestando atenção.

Por último, *performance*. Não adianta nada ser um cara de atitude que se comporta muito bem e não entrega o que é solicitado. Se não dá para entregar uma coisa que foi combinada, é hora de renegociar a meta. Sem enganar ninguém ou enrolar.

Enquanto eu lembrava daquela conversa, o João batia com a ponta dos dedos na mesa para despertar a minha atenção.

Está em Marte?

Estava lembrando de uma conversa que tive com o meu pai no começo da minha carreira. Sabe, eu acho que a gente tem mais é que se esforçar para que as coisas deem certo. Quando as coisas dão certo isso vira um combustível para várias outras áreas da vida. Eu aprendi isso quando resgatei todos os meus sonhos de infância e fui provar para mim e para os outros que era possível.

Como?

Ah, quando eu era pequeno ia para o Guarujá e via as crianças surfando. Poder fazer isso hoje é uma conquista. Mas sempre que você consegue atingir um novo objetivo surge alguém para dizer que você não é capaz. Essa é a dificuldade. Eu ouvi muitos "nãos". Ouvi muitas pessoas dizendo que muitas coisas não eram possíveis para mim.

O mais difícil é que ouvi isso de pessoas próximas.

Parece que as pessoas que estão perto são as que mais colocam a gente pra baixo – ele soltou.

Pois é, mas eu costumo dizer que somos o resultado da soma de 5 pessoas mais próximas de nós. Pais, irmãos, amigos. Uma vez que não podemos sair de perto de todas as pessoas negativas à nossa volta, a gente pode se cercar de coisas positivas que tragam alguma inspiração como livros, filmes, palestras. E eu me alimentava disso. Eu alimentava a minha mente diariamente para não ser contaminado com a voz de quem dizia que não ia rolar. E o que aconteceu nesse processo? Conheci um cara que era tricampeão sul-americano de caiaque *surf*. Simplesmente isso. Ele tinha um evento chamado praia acessível onde levava vários ônibus cheios de pessoas com deficiência para um dia de praia normal. Lá teriam cadeiras de rodas anfíbias, caiaques adaptados. Uma estrutura perfeita montada. E eu fui até ele e perguntei se achava que dava. Já estava acostumado a ouvir não como resposta. Seria só mais um se ele não apostasse em mim. A única coisa que perguntei foi se ele achava que dava para surfar numa prancha que estava do nosso lado. Uma prancha de *bodyboard*. A resposta dele foi simples: *"Você acha que consegue agarrar a prancha e ter equilíbrio?"*

O João parecia entusiasmado com a história:

E aí?

E aí que eu respondi que não sabia. Mas que queria tentar. Eu precisava tentar para saber se conseguiria. E essa resposta eu teria na prática.

Conforme eu relatava aquele episódio, sentia uma espécie de prazer momentâneo daqueles que a gente experimenta quando relembra uma situação que foi marcante o suficiente para não ser esquecida e forte o bastante para inspirar uma vida toda.

Eu fui. E consegui. Algum tempo depois já queria surfar em pé. Achava que surfar deitado era coisa de criança. Mas como faríamos isso? Foi quando ele construiu uma caixa de EVA sobre uma prancha para que eu não caísse. E logo eu estava ali, surfando de pé. E de tanto treino, hoje já surfo sem o EVA. Costumo dizer que às vezes a gente tem que ser maior que as muralhas que se colocam a nossa frente.

Naquele dia eu me despedi de outro João. O cara que saía daquela mesa era diferente do que tinha entrado. E eu fui para casa feliz. No caminho, fui me lembrando de tudo que tinha feito, simplesmente porque acreditava na minha capacidade de voar. Simplesmente porque não dava ouvidos às pessoas que teimavam em barrar os meus sonhos. Pensei em todos os "nãos" que tinha ouvido, e como eles tinham me fortalecido. Como eu tinha sido capaz de sonhar e imaginar o futuro que eu queria construir para mim.

E ali, de repente, fechei os olhos e lembrei do meu primeiro show na avenida Paulista. Eu estava absolutamente convicto de que cantar era algo que eu gostava de fazer e fazia bem, e chamei meu amigo Fábio para ir comigo até a Paulista, com equipamento, microfone e tudo, para que fizéssemos um *show*.

Qualquer um que ouvisse aquela ideia poderia achá-la um grande absurdo, mas eu acreditava que podia espalhar uma mensagem. E quando convenci meu amigo a me ajudar, fomos juntos, encontramos um ponto excelente em frente ao *shopping* mais movimentado da avenida, e comecei meu repertório.

Eu tinha a sensação de que se fechasse os olhos estaria num grande auditório, com pessoas me aplaudindo, milhares delas. Todas assistindo ao meu show enquanto eu fazia o meu melhor.

Naquele dia, quando decidi arriscar, vi no começo alguns olhares intrigados. Eram pessoas que me observavam, curiosas, com um misto de admiração e nitidamente, sentindo-se gratas. Era evidente que todo mundo que passava por ali se sentia grato por ter os membros, e me admirava por eu estar fazendo uma arte, sem arranjar desculpas.

Ouvi uma das mulheres que me assistia comentar: "*E eu sempre quis cantar e nunca tive coragem*".

Só que eu acreditava. E para sonhos não há limites.

Respirei fundo, abri os olhos e não havia uma multidão me assistindo. Apenas uma dúzia de pessoas. Algumas estavam com suas famílias, outros sozinhos. Todos aplaudiam emocionados e deixavam notas de cinco e dez reais no chapéu, em sinal de gratidão.

Estar ali, cantando, era uma prova de que eu realmente acreditava que os limites não existiam para ninguém. Que eu poderia ter feito a opção de me esconder em casa, ou ainda colocar meus sonhos debaixo do tapete para não correr o risco de fracassar. Eu podia escolher isso – escolher dizer para mim mesmo que música não era um negócio para mim, e que eu estava querendo inventar coisa demais para a cabeça. Mas percebi que era tudo uma questão de percepção.

Eu sabia que gostava daquilo, sabia que aquilo iria me nutrir, me alimentar. E quando gostamos de fazer algo, e aquilo ainda pode trazer uma vibração positiva para alguém, é como se uma transformação acontecesse. E, diante dos meus olhos, essa transformação aconteceu.

Quando comecei a cantar a música "I believe I can fly", cuja letra trazia um significado profundo pra mim, o número de pessoas dobrou. Eu podia sentir a energia que o público emanava. A tradução da música dizia "*Eu costumava pensar que eu não pudesse prosseguir*". E à medida que eu ia cantando, meu coração ia explodindo de alegria. Eu realmente estava vivendo aquilo.

"*Se eu posso ver, eu posso fazê-lo. E se eu acreditar, nada poderá me impedir*".

Eu ia cantando, com paixão, entrega. E minhas lágrimas denunciavam o quanto eu estava emocionado. Eu e todo mundo que me assistia.

"*Eu acredito que posso voar. Posso tocar o céu. Eu acredito que posso me elevar. Veja, eu estive à beira da autodestruição. E às vezes o silêncio pode parecer tão alto. Existem milagres da vida – eu preciso realizá-los.*

Mas primeiro eu sei que começa dentro de mim."

"Se eu posso ver, eu posso alcançar".

I believe I can fly.

As pessoas que se amontoavam diante de mim aplaudiam, emocionadas, chorando e sorrindo ao mesmo tempo. Eu tinha provado que milagres existiam. Mas que era preciso acreditar neles para que existissem. Estava ali, profetizando que a vida podia ser muito maior, mais bonita. Que os limites não existiam pra quem tinha fé e acreditava.

E não havia ninguém em toda a avenida Paulista que acreditasse mais do que eu. Não que eu não pudesse às vezes ter hesitações. As dúvidas e os medos invadiam meu pensamento dia e noite, mas eu era mais forte do que eles. Minha vontade de chegar lá e fazer o que eu tinha sido destinado a fazer era bem maior.

Naquele dia, tocando na avenida, senti meu corpo flutuar. Era como se as pessoas também estivessem levitando. Como se eu tivesse encontrado algum significado e sentido para fazer aquilo que estava fazendo.

Eu não precisava de um grande palco para fazer minha música. Não precisava de ego ou vaidade. Apenas precisava me divertir e passar uma mensagem. Precisava impactar pessoas, fazer com que, em breves segundos, se sentissem transformadas e pudessem perceber que não havia limites para sonhos.

A vida era muito boa. Daquele dia em diante passei a fazer a mesma coisa todos os finais de semana. Ia sempre até o mesmo ponto e cantava um repertório variado que fazia pessoas sorrirem, dançarem. E às vezes eu começava às 11h da manhã e parava só às 15h da tarde. Sem pausas. Sem cansaço.

Quando a gente faz o que gosta, se nutre daquilo. É como se entrasse num estado que muitos dizem ser o estado de *flow*, que não nos deixa parar.

Era um alimento para a alma ver o semblante das pessoas sendo transformado. Ver as pessoas se alegrando, sorrindo, entendendo o quão importante aquilo era para mim. Eu sentia como se a minha alma pudesse se elevar.

Nos finais de semana seguintes percebi que cantar não era apenas uma maneira de ganhar dinheiro, ocupar o tempo, a mente, nem um simples *hobby*. Cantar ali era uma missão. E eu via pequenos milagres acontecendo enquanto eu cantava, pois eu os presenciava. Via lágrimas de quem entendia o recado. De quem passava a enxergar a vida de outra forma, de quem passava a arriscar, parava de reclamar da vida, ou simplesmente se atirava numa nova jornada, simplesmente porque tinha visto a minha apresentação.

Eu acreditava que podia voar. Alto, longe. E inspirar pessoas a também acreditar nisso passou a ser uma espécie de mantra, um código de ética. Não eram apenas simples conversas que eu tinha com pessoas que me pediam conselhos, como eu tinha feito com o João. O que eu fazia naqueles momentos era colocar em prática o que eu acreditava. Deixar meu coração falar. E corações falam e dizem muito. O meu coração, que não tinha mais medo, presenciava o florescer de um Marcos que tinha superado barreiras e percebido o quanto era capaz de subir.

A vida tinha sido muito generosa comigo. E eu não me sentia diferente de ninguém. Sabia que todos podiam alcançar esse estado de positividade, de viver milagres, entender que estávamos vivos por um propósito maior e que um dia seríamos cobrados por isso. Pelos nossos erros e acertos.

Eu começava uma nova fase da minha vida. E entendia que quanto mais vibrava alto, mais coisas boas aconteciam comigo. Da mesma maneira como quando reclamava atraía mais coisas negativas, entendia que quanto mais pulsava uma energia boa e vibrante, mais atraía milagres.

E viver esses pequenos milagres era cada vez mais surpreendente.

Em alguns momentos eu achava que podia estar me enganando, me iludindo. E muita gente dizia que eu ia quebrar a cara. Que acreditar demais fazia com que a gente se decepcionasse demais.

Os destruidores de sonhos estavam em todos os lugares. Eram pessoas do meu convívio, que me amavam, mas que me queriam tão bem, que achavam que apagar a chama antes que ela se acendesse faria com que eu conservasse meu brilho. Pessoas que não queriam me ver sofrer, mas preferiam me ver estagnado a tentar algo e me ver frustrado.

Eu conseguia entendê-los, pois eu mesmo já tinha sido um deles. Uma pessoa que preferia não arriscar nem tentar para não correr o risco de sofrer.

Mas a vida tinha me ensinado que a recompensa era grande demais para quem se arriscava, apesar do medo, da vergonha e de tudo que podia nos destruir. Não dava para não tentar. Não dava para recuar, fraquejar ou fingir que eu não tinha sonhos.

Eu olhei para as luzes da Paulista, senti meu coração explodir de emoção enquanto as pessoas aplaudiam mais uma música, e compreendi o que era o sucesso. E que a definição de sucesso estava muito equivocada. Sucesso era fazer o que se gosta, ser recompensado por isso e entrar num estado de graça enquanto se faz. Sucesso era aquilo que eu estava vivendo na minha vida. Cheia de esperança, espalhando mensagens positivas por onde passava e acertando todos os alvos. Sucesso não tinha nada a ver com conta bancária. Nem com roupa, nem com estimativa de público. O sucesso estava dentro do meu coração. E ele me dizia que aquilo estava sendo feito com bondade, com amor. E que aquele sucesso era fruto da pureza com que eu me entregava às coisas que realizava.

Quando percebi isso, minha alma ficou ainda mais leve. A percepção dos fatos se alterou e eu senti do fundo do coração que podia muito mais, pois queria sentir aquele sucesso. Com as pequenas e grandes coisas que fazia. Porque em tudo que eu colocava amor e uma boa intenção, tinha um propósito e um fundamento maior – e experimentava uma satisfação. Uma felicidade interna que era difícil explicar.

Na mesma época, os monstros que ainda estavam escondidos e disfarçados dentro de mim, meus conhecidos sabotadores, vieram à tona como nunca. Às vezes era impossível controlá-los. Quando eu dava voz a eles, sentia que me machucava por dentro para não correr o risco de levar um tombo maior depois.

Foram inúmeras vezes que fiz isso, mas a vida me trouxe presentes e pessoas que me ensinavam que era possível seguir adiante. E, mesmo com os tombos, fui ganhando força. Mesmo com as quedas, fui ficando mais capaz de ser quem eu estava destinado a ser.

Eu me lembrei tantas vezes de pessoas que

estiveram em meu caminho que eram grandes mestres disfarçados. O próprio Alexandre, aquele amigo que tinha me incentivado a mergulhar, criando um TCC que queria provar que qualquer um podia, era um deles. Era ele que tinha tantas vezes ficado diante de mim nos jogos de futebol, com suas canelas na mira das minhas muletas. Era nas canelas dele que eu batia com força, pois era meu principal adversário em campo. Mas, talvez, se ele não tivesse jogado comigo da mesma maneira que jogava com qualquer outro amigo, eu jamais teria desenvolvido a habilidade de jogar.

Muitas pessoas me fizeram mais forte. Desafios me faziam mais forte. E eu agradecia a cada um deles por isso.

Estávamos nós dois paramentados. Coloquei aquela bata branca, ela também estava pronta. Aquele momento era algo que eu jamais poderia prever alguns anos antes. Ia batizar a Lu, minha esposa, na nossa Igreja, dentro da pia batismal.

Antes da cerimônia começar, senti uma energia que era difícil de explicar. Eu nunca imaginei que seria apto a fazer aquele tipo de coisa. E estava fazendo por amor. Por um amor que eu nunca tinha sentido nem experimentado com tanta intensidade. Eu já tinha feito outras coisas malucas por paixões não correspondidas. Mas nada que chegasse aos pés daquela experiência.

Eu me vi aos 17 anos, ainda imaturo, depois de uma briga intensa com uma namorada que eu amava mais do que podia imaginar. Tínhamos tido uma vida intensa, um namoro íntimo. E eu acabei dando uma mancada da qual me arrependia até o último fio de cabelo. Mas o que eu poderia fazer para reconquistar aquela menina? Ela era dura na queda, não queria me ver nem pintado de ouro.

Mas eu vislumbrei uma chance de tentar me reaproximar dela no dia da formatura. Conversei com um amig e pedi que ele me ajudasse.

"Mas nós não temos nem convite", foi o que ele disse no começo da conversa.

"Poxa, eu não tinha pensado nisso", respondi sem me atrever a desistir, "Mas a gente dá um jeito de entrar sem convite".

Ele soltou uma gargalhada generosa, daquelas que dá para ver as amígdalas.

"Mas vai ter seguranças até não poder mais. Ou você acha que vai dar para pular um muro com você no ombro?"

"Não tinha pensado nisso!"

"Nem vem Marquinhos".

"Tudo bem, eu me viro com os convites, mas você promete que vai comigo".

No fundo, no fundo, ele não botava fé que eu iria conseguir. Mas determinação e força de vontade sempre foram o meu forte. Perto da data eu já estava com os convites na mão e cheio de esperança.

"Será que ela vai me dar essa chance?", eu me perguntava.

Ele acabou aceitando que eu não desistiria com facilidade. Tinha chegado até ali, e provavelmente faria o possível e o impossível para reconquistar a namoradinha.

"Péssima notícia", ele disse depois de virar um guaraná e olhar para o alto.

A banda tocava uma canção qualquer do Billy Paul.

"O que foi?", perguntei com o coração acelerado.

"Olha lá!", ele apontou.

E foi aí que meu coração deu um duplo twist carpado e quase saiu pela garganta. Ela estava um espetáculo, de vestido branco e luvas, a princesa que eu imaginava. Podia até me ver ao lado dela entrando na Igreja.

"Acorda Marquinhos!", ele disse dando um tapa na minha cabeça. "Não tem como a gente subir. A mesa dela é no pavimento de cima, você entendeu? "

Olhei para os lados, não vi nenhum elevador. Subir a escadaria com a cadeira de rodas estava fora de cogitação. Ele percebeu minha expressão e logo me animou: *"Uma hora ela vai ter que descer"*.

Nos entreolhamos e fomos para o bar. Éramos

menores de idade, mas a bebida rolava solta. Começamos a saborear um *whisky*, divagar sobre a vida, olhar para as meninas bonitas que passavam, e quando menos percebemos lá estava ela descendo as escadas.

"É agora!".

A perseguição estava apenas começando. Ela se dirigiu ao banheiro e, por sorte ou destino, o banheiro dos deficientes era logo ao lado. Esperei que ela entrasse no banheiro feminino e fomos juntos para o de deficientes, que para nossa surpresa era vazado e dava para ouvir toda a conversa do banheiro do lado.

"Perfeito".

"Não. Não vou fazer isso".

"Vai logo!"

O que eu pedia com o olhar, e ele já tinha sacado, era que me levantasse para que eu pudesse ouvi-la conversando com a amiga.

"Que fria eu fui me meter", ele retrucou.

"Vai. Você quer me ajudar ou não?"

E de repente lá estava eu, nos ombros dele, pendurado no muro entre os dois banheiros, ouvindo as conversas das meninas no toalete ao lado.

Só que o truque de mestre não foi tão infalível assim, pois de repente olho para baixo e uma senhora de cócoras no vaso olha para o alto e começa a gritar apavorada. A minha reação foi também gritar com ela, e nós dois ficamos gritando, olhando um para a cara do outro, enquanto o amigo que me segurava se assustava e caía para trás, me derrubando dentro do cesto de lixo. Entre cheiro de papel higiênico molhado de xixi e excrementos eu gritava mais ainda, enquanto ele ria descontroladamente, sem conseguir me tirar dali.

"Anda logo", eu disse com a boca abafada pelo cheiro daquele lugar.

"Que plano mais horrível!", ele decretou enquanto tentava me arrumar e tirar os vestígios de lixo do meu terno.

"Agora, a valsa dos formandos!".

A mestre de cerimônias anunciava o ápice da festa. Sim, eu me olhei no espelho, enchi de coragem e saímos do banheiro em direção à pista.

Chegamos ali no meio, nos misturamos aos jovens que dançariam a valsa, e quando começou a música, meu peito murchou. Lá estava ela, linda, angelical e... acompanhada de um namorado que a segurava com destreza e balançava pela pista de dança com a minha amada.

Ao olhar para a Lu, quase vinte anos depois do ocorrido, ali diante de mim, de branco, numa Igreja, percebi que era um marco de que finalmente eu tinha uma pessoa amada a me olhar do jeito que eu sempre sonhei. Mas chegar até ali não tinha sido nada fácil.

Algumas semanas antes do batizado acontecer, nosso relacionamento quase tinha ido para o saco. E foi justamente dois dias antes do batizado acontecer. Mas antes de contar como foi o dia do não-batismo, eu preciso esclarecer como a gente tinha chegado ali, na Igreja de Jesus Cristo dos Santos dos Últimos Dias.

Logo que eu conheci minha ex-mulher, sabia que ela tinha frequentado a Igreja fazia um tempo, mas estava afastada. Só que essa não é uma Igreja comum: é a Igreja que tem o maior banco de dados de genealogia do planeta. E isso fica na costa leste dos Estados Unidos, guardado a sete chaves. Todos os seres humanos do planeta aparentemente têm seus dados compilados pelos mórmons. Pois acreditamos no batismo pelos entes falecidos que não tiveram a oportunidade de conhecerem a Igreja quando vivos. Por isso não me surpreendi quando dois jovens americanos em missão bateram na nossa porta, quando eu ainda estava casado com a mãe dos meus filhos.

"Pois não?"

Os meninos eram parecidos, tinham um forte sotaque norte-americano, mas tentavam falar português. Estavam à procura dela.

Mas como tinham ido parar ali na minha casa? Eles

não souberam explicar. Só disseram que estavam em busca dela e trouxeram um livro, o livro de Mórmon e o deixaram na minha mão, dizendo que era para eu ler um trecho e orar a Deus e questionar se aquilo era verdade.

Fechei a porta, um tanto cético, e achei aquela conversa completamente disparatada. Deixei o livro numa escrivaninha e voltei a fazer o que estava fazendo.

Os dias foram passando e tive a curiosidade de olhar, abrir o livro. Abri pela primeira vez, seguindo as instruções dos meninos. Fiz isso sem saber o porquê e encontrei um trecho que me chamou a atenção. À medida que avançava na leitura, comecei a sentir uma energia diferente. Achei aquilo esquisito demais e fechei o livro. Não queria entender o que estava acontecendo.

Os dias foram se passando e eu peguei o livro novamente. Tinha a impressão de que sabia o que ia acontecer. Mas tinha medo do que poderia sentir.

Era verdade. Depois do segundo trecho, comecei a me sentir diferente. Uma vontade de chorar de alegria combinada com uma satisfação interna, aquela tão famosa paz interior. Pensei em fechar o livro, mas continuei insistindo.

Quando os meninos voltaram, alguns dias depois, perguntaram se eu tinha lido. Não quis dar o braço a torcer. Eles insistiram que eu lesse.

Na terceira tentativa aquilo estava claro demais para que eu pudesse ignorar. Era uma espécie de sinal do destino que a gente tenta fingir que não escutou, mas está ali a soar feito um alarme na sua testa.

Quando os meninos retornaram à minha casa acabei convidando-os a entrar e contei o que tinha acontecido. Eles conversaram comigo durante mais de uma hora e eu me senti absolutamente encantado. Eram missionários, se dedicavam àquilo durante dois anos e basicamente abdicavam da vida e até do nome próprio enquanto estivessem em missão. Durante esse período comiam na casa de outros membros da Igreja em suas visitas para passar uma mensagem.

Senti um chamado interno muito forte e acabei indo parar na Igreja, que me acolheu até o dia em que fui batizado. Só que depois da separação minha vida mudou, pois acabei me afastando da Igreja. Quando resolvi retornar, a Lu foi comigo. E sentiu a mesma sensação.

Graças a isso tinha decidido ser batizada, mas com uma única condição:

"O Marcos é quem vai me batizar".

Muita gente ficou surpresa, mas ninguém se opôs. A única e maior dificuldade é que eu praticamente entraria numa piscina e teria que fazer uma imposição de braços sobre sua cabeça. Mas daríamos um jeito.

Só que na semana do batizado houve uma grande reviravolta. Era uma sexta-feira, e uma equipe de filmagem estava na minha casa fazendo uma matéria. Insisti para que ela aparecesse na filmagem, mas ela não queria. Falei que ela ia participar e acabou fazendo a minha vontade, a contragosto. Deu entrevista, sorriu, mas internamente havia um vulcão prestes a entrar em erupção.

A Lu estava cansada. Acostumada a não ter muita voz, ela abafava as próprias vontades para me agradar. E isso não era pouco. Além de colocar a cara no vídeo, coisa que ela odiava fazer e eu não respeitava, havia outras coisas que eu nem imaginava que surgiriam depois. A partir de um clique.

Saímos com a equipe para a gravação. Eles queriam pegar todos os ângulos da minha vida e naquela noite eu tocaria como *DJ* numa casa noturna. Me acompanharam e quando voltamos a Lu estava dormindo. Eu e o Fábio, aquele meu amigo que sempre me acompanhava para todo canto, tentamos acordá-la e nada. Sono profundo.

"Fábio, pode me ajudar a trocar de roupa?"

Ele ajudou e foi embora. Eu dormi. Na manhã seguinte a Lu estava transformada. Não falava comigo, não respondia às minhas solicitações. Dizia que sua cabeça estava explodindo e parecia outra pessoa.

Nesse momento tínhamos dois hóspedes em casa.

O Fábio e uma amiga cantora talentosíssima que viera para acompanhar o batismo da Lu no dia seguinte.

Comecei a pedir as coisas que eu geralmente pedia, e ela me tratava com desdém. Foi aí que tive um insight poderoso. E me achei um grande idiota.

Uma semana antes eu tinha tido uma conversa com uma amiga recém-separada. Essa amiga me dissera que estava farta de fazer tudo na casa, de trabalhar, de cuidar das crianças e que muitas vezes se sentia uma peça dentro da casa quando o marido chegava.

"Você me trata como sua empregada!", estourou a Lu, me acordando de um devaneio.

Para mim foi como um tiro no peito. Em nenhum momento eu queria tratar a pessoa que mais amava como alguém que estava ali para me servir. Ela começou a destilar raiva nas palavras, literalmente explodindo, e somente então eu percebi como estava agindo desde sempre.

Na posição de não poder fazer certas coisas, eu me acomodara a pedir tudo a ela. E quando havia outras pessoas na casa, ela basicamente não sentava. Exercia a função de "servir" todo mundo, mas porque eu pedia que ela pegasse água, comida e fizesse tudo.

Comecei a rever mentalmente como tinham sido os últimos anos. Até com coisas que eu podia fazer, acaba delegando a ela por comodidade. E era fácil me apegar ao "não posso fazer". No entanto, coisas como passear com o cachorro, que eram minha função, eu também acabava pedindo que ela fizesse.

Ela foi guardando aquele vendaval de xingamentos por tanto tempo que quando lavamos a roupa suja, fiquei triste comigo mesmo de não ter percebido o valor da mulher que tinha ao meu lado e ter abusado da boa vontade dela. Fiquei cabisbaixo. Não queria magoá-la, mas não havia nada que eu pudesse dizer naquele momento. Minhas atitudes falariam mais alto.

Saí para cantar na avenida Paulista, conforme tinha combinado com a minha amiga cantora, e levei meus filhos, que estavam comigo naquele final de semana. Comprei um skate para cada um e assim eles se divertiam enquanto o pai fazia o *show*.

Voltamos para casa e eu estava na expectativa de que a poeira tivesse baixado. Nada feito. Nem um olhar ou um gesto. Ela estava deitada, dizendo que sua cabeça explodia.

À noite tínhamos combinado de ir na festa junina. Ela tinha comprado roupa para os meninos, mas ninguém conseguiu tirá-la de casa. Fiquei em pânico. Não podia perder a mulher que mais venerava na vida. Meu único grande amor.

No dia seguinte resolvemos conversar. Estávamos mais calmos e mesmo assim houve sinais de insatisfação. Ela não ia mais ser batizada. Disse que estava mal e ficaria em casa. Cancelou o compromisso.

Várias coisas passavam pela minha cabeça. Eu lembrava do dia que tinha conhecido aquela mulher, do quanto ela era perfeita, mas de como era humana. Com sua perfeição toda eu esquecia que ela precisava dizer "não" de vez em quando. E como ela não sabia falar não, acabava somatizando tudo aquilo. Mas todos os "nãos" saíram num único final de semana.

Tentei ver aquilo como um momento de renovação, onde as coisas se ajustariam para que houvesse uma limpeza profunda na nossa relação antes do batismo. Afinal, não era uma encenação. Era uma renovação da vida.

Por outro lado, o pessoal da Igreja acabou confessando que era comum que certas "forças contrárias" agissem antes dos batismos. Eu tive a impressão que era um combinado de coisas. Quando fizemos as pazes, o Ted adoeceu inesperadamente. Parecia que toda aquela energia ruim tinha sido absorvida por ele.

Era a primeira vez que eu me aventurava num *stand up*. Eu já era expert em palestras, mas estava com uma turminha sangue nos olhos, que queria botar para quebrar. E a ideia surgiu numa roda de amigos.

"Que tal um stand up?"

Não sabia se era capaz, mas quando me vi no palco sentia que tinha nascido para aquilo.

Enquanto contava a minha história no samba, um ajudante colocava a fita isolante no meu braço para grudar as baquetas.

"Quem já teve vontade de tocar um instrumento em escola de samba?"

Alguns voluntários se prontificaram e logo chamei um deles para subir ao palco.

"Vamos fazer uma brincadeira que chamo de 'respostinha'", comecei.

Ele me olhava ressabiado e eu continuava mostrando o que faríamos logo depois.

Vou tocar uma música conhecida "Cai cai balão, cai cai balão, aqui na minha mão. Não cai não, não cai não, não cai não"... e você só toca a resposta, que é "cai no meio do salão". Ou seja, o final, "tã nã nã nã nã nã nã".

Quando começou pra valer a brincadeira ninguém sabia onde aquilo ia dar. Quando o cara reagiu e tocou, todos aplaudiram. Então lancei um novo desafio.

Agora você toca a primeira parte e eu respondo".

"A plateia tentou ajudá-lo, e ele começou, ousado, fazendo do jeito que sabia. Quando ele parou, veio a resposta. Mas não foi através de mim. A cortina abriu e veio a bateria inteira da X-9 tocando a continuação.

O frio na espinha e a emoção eram tão grandes que a maioria das pessoas choravam. Naquele dia, quando terminamos o stand up com toda a escola de samba entrando, cantando "Viver e não ter a vergonha de ser feliz... Cantar e cantar e cantar, a beleza de ser um eterno aprendiz...", foi um dos maiores momentos da minha vida, quando aprendi o poder das palavras, do ritmo, da música para inspirar as pessoas.

Eu me lembro que desde pequeno sentia que uma batida perfeita podia tocar um coração, mesmo que esse coração estivesse congelado por montanhas de raiva e indiferença. Sabia que a gente conseguia fazer certas coisas através da música. Um livro, uma palavra, podiam tentar chegar perto, mas a vibração de um som potente conseguia destruir qualquer mau humor.

Quando cheguei em casa, botei a cadeira elétrica para carregar, como faço todas as noites, a fim de que possa circular pelo dia seguinte. Fiquei pensativo, deitado na cama. Quanta coisa já tinha acontecido na minha vida. Podia dizer que vivia uma vida intensa. Eu literalmente me jogava. Não havia um só desafio que me fizesse fugir ou desistir. Era como uma descida num tobogã. Um tobogã que não tinha sido feito para pessoas como eu, mas que dava os melhores prazeres para aqueles que realmente se entregavam.

Lembrei da vez que estivera em Natal, e descera no maior tobogã do Brasil. Minha ex-mulher se mudara pra lá depois da separação, levando as crianças, e eu tinha o hábito de passar as férias ali.

Certo dia acordei e resolvi fazer alguns passeios. E me indicaram um lugar que dava pra fazer um mergulho nos corais. Achei interessante, pois estava louco pra fazer mergulho, já que tinha feito só uma vez e achava que ia ser melhor agora porque não estaria tão tenso.

A entrada se dava por um parque aquático. E quando eu vi aquele escorregador gigantesco, na direção da beira da praia, meu coração quase saltou do peito. Eu nunca tinha experimentado aquela sensação.

"Uau! Isso deve ser legal!"- falei – mas como eu chegaria lá em cima?

Os recursos que eu tinha pra cumprir a meta eram o Didi, motorista que sempre nos levava pra lá e pra cá em Natal, e a Lu, minha esposa. O Didi inclusive, depois de tantas viagens conosco, passara a ser mais que um motorista – passou a ser um amigo.

"Será que dá pra me levar até lá?", perguntei a ele.

"Você que sabe!", ele respondeu, num tom de quem não estava botando fé que eu fosse ter coragem.

Olhei pra Lu. Ela tinha um sorriso largo no rosto, denunciando sua ansiedade.

"Vai Marquinhos. Você nunca foi!"

Enquanto eles me subiam pelas escadas, eu pensei em desistir, mas fui ganhando coragem. Lá no topo começou o desafio. Quando chegamos ao alto, percebemos que aquilo era praticamente um penhasco depois de uma parte plana.

O moço que ficava cuidando do brinquedo estava em pânico.

"Senhor. Não pode!"

"Não pode o quê?"

"Não pode ir deitado!"

"Mas eu não paro em pé."

Ele ficou observando, não disse nem que sim nem que não e a Lu me deitou de barriga. Eu tinha uma máquina GoPro e celular à prova d'água pra filmar tudo. Quando coloquei, respirei fundo. Era hora de ir. Avistei o Didi lá embaixo me esperando na piscina. Não tinha como recuar.

"Lá vou euuuuuu!", gritei antes de me jogar. Coloquei a ponta dos braços, peguei impulso e joguei o corpo pra frente.

Como sou mais leve que todo mundo, comecei a descer rápido demais, feito uma bala, já que não conseguia ir freando. Quando estava chegando perto do final, fui tentando parar e nada e aquilo aconteceu tão rápido que caí. Não afundei. Fui quicando.

Quando o Didi me pegou eu estava em êxtase.

"Tá tudo bem?"

Foi demais! Vamos de novo?

Ele suspirou aliviado.

"Esse é o Marquinhos que eu conheço!".

Fizemos aquilo pela segunda vez e a dificuldade foi menor. Mas eu me sentia como uma criança. Tinha a impressão de que ser uma criança custava pouco. Era curioso observar que, em todas as emoções mais fortes da minha vida, as pessoas me olhavam como se não tivessem o direito de fazer aquilo. Como se aquela adrenalina estivesse reservada para loucos, imprudentes ou crianças.

Eu ficava em uma espécie de transe quando estava diante de emoções fortes. Era comum em locais onde havia rampas íngremes, e elevadores para deficientes, eu optar pelas rampas simplesmente pra sentir aquele friozinho na barriga. Era ele que me fazia sentir vivo, que me fazia simplesmente sentir.

Saímos dali para a lancha e fui para uma plataforma que ficava perto dos recifes. Quando chegamos lá, eu me deparei com mais uma coincidência, daquelas difíceis de explicar – uma emissora de TV fazendo uma matéria sobre mergulho. E eu completamente apto a mergulhar.

Naquele momento conheci o Ziggy, o responsável pelo mergulho, que me conduziu por aquela experiência a partir de então. E tive a oportunidade de mergulhar por todos os lugares e ainda fazer as imagens daquilo.

Os mergulhadores ficaram impressionados. Ninguém sabia que eu tinha o domínio da minha cabeça melhor que aparentava. O *feedback* foi que eu era um cara calmo e tranquilo. E além de tudo, gastava pouco ar. Como eles tinham o medidor de oxigênio, diziam que as pessoas geralmente puxavam o ar desesperadas. E eu ia com tranquilidade.

Quando aquela experiência terminou, o Ziggy estava tão impressionado com minha performance que me encorajou a ser um mergulhador certificado. Coisa que eu nunca tinha pensado que poderia ser.

"Se você tiver certificado para mergulhar, pode mergulhar em qualquer lugar".

Aquelas palavras tocaram fundo na minha alma. Eu sabia que em todos os lugares onde ia e que podiam ser experiências incríveis de mergulho, acabava não tendo a oportunidade, porque os instrutores tinham medo de me conduzir.

"Você vai ter carteira de mergulhador, garoto. Escreva o que eu estou dizendo".

E, assim, depois dessa conversa, que achei que não ia dar em nada, percebi que no fundo ele falava sério. Ele me ligou semanas depois para contar que tinha conversado com a Lucia Sodre, representante da HSA no Brasil. Ela tinha indicado uma escola de mergulho que tinha uma excelente estrutura para me atender, a Scafo.

No dia em que entrei ali dei de cara com o William Spinetti, que não poupou esforços para que eu fizesse o curso, mas eu não imaginava o que estava por vir. Eu e a Lu nos inscrevemos, e depois de mais de uma semana de aulas, ele chegou com uma grande surpresa – pegou um palmar de natação, e desenvolveu um jeito de amarrá-lo no meu braço. Não entendi ao certo o que ele queria. Estávamos fazendo exercícios normais e ele parecia ter ideias ousadas. Ele queria ver qual era o meu nível de independência na água. Eu disse para ele que era zero.

Desde a primeira vez que mergulhei, estava acostumado à sensação que aquilo provocava, mas sempre estava sendo conduzido por alguém. Mas ali a proposta dele era que eu não fosse carregado por ninguém. Era só eu e Deus.

Assim começamos as práticas. Eu estava meio cético que aquilo podia dar certo, mas resolvi arriscar. A primeira coisa que se faz num mergulho é colocar peso para que o mergulhador encontre sua flutuabilidade neutra. E quando ele conseguiu colocar essa flutuabilidade em mim, me soltou e pediu que eu tentasse subir. Bati os braços e ele fez sinal querendo dizer "sem nadar".

Mas como eu ia subir sem nadar?

Ele mostrou que eu deveria encher o pulmão de ar. Na hora que inspirei, meu corpo começou a subir. Quando esvaziei, desci. Então, controlando minha descida e subida, meu coração acelerou. Era quase um milagre o que estávamos prestes a fazer ali dentro daquele tanque.

A segunda questão importante era poder se movimentar. Por isso, quando ele colocou o palmar no braço, pediu para eu olhar para o lado e movimentar os braços. Foi quando percebi que podia me movimentar. Comecei instintivamente a fazer os movimentos. Dei duas braçadas fortes e deslizei, devagar, sem ninguém me segurando.

Para uma pessoa habituada a andar de cadeira de rodas, ou ser levada para todos os lugares, a sensação de poder flutuar dentro da água, sem o auxílio de mais ninguém, era como se eu pudesse andar, voar. Como se meu corpo tivesse autonomia total. E, debaixo da água, sem que ninguém pudesse ver, meus olhos ficaram embaçados e eu chorei.

Chorei de emoção. Chorei de felicidade. Chorei de alívio por perceber que existiam pessoas que acreditavam em mim e que faziam de tudo para que eu pudesse experimentar situações incríveis e mágicas. Chorei porque eu me sentia mais vivo do que nunca.

Ele percebeu minha emoção e fez com que eu desse uma cambalhota debaixo da água. E, enquanto escrevo esse livro, eu me preparo para o grande teste final, dentro do mar.

Mesmo assim, com todo esse fôlego, poucos conseguiam acreditar que eu só tinha um pulmão. Depois da cirurgia, me lembro de ter que lidar com a notícia de que um dos pulmões estava atrofiado e o outro, inchado. Não sabia se era bom ou ruim. Só sabia que era diferente. E,nessa história de igual ou diferente, eu acabava presenciando várias cenas no mínimo curiosas.

Um dia depois que caíra da cadeira e sofrera aquele pequeno acidente vestido de Jason, fui fazer xixi e percebi meu sangue preto. A Lu entrou em desespero. Queria me levar ao médico de qualquer jeito mas eu não queria. Mandei esperar. Mas quando chegou por volta de meio-dia o xixi estava vermelho. Então resolvemos ir.

Ao chegarmos ao hospital, o médico foi fazer ultrassom e disse que minha anatomia era diferente. Ele poderia ter me contado uma novidade.

"Eu não consigo encontrar seu rim esquerdo.", ele disse.

Olhei pra Lu, ressabiado, até vê-lo subir até o meio das costas e encontrá-lo. O rim estava no alto, quase perto do pulmão. Por ser essa incógnita, não gosto de ir ao médico pois tudo vira uma experiência.

Quando eu ia tirar sangue, quando criança, sofria em dose dupla porque ninguém achava minhas veias. Como as pessoas geralmente tiram sangue pelas veias do braço, comigo era com uma espetada na jugular.

"Faz força como se tivesse fazendo cocô", diziam os enfermeiros.

Ficava todo mundo tenso e era um desafio fazer minha veia saltar. Quando não pegavam, a dor era direto no músculo. Uma fisgada dolorida.

"Eu vou tirar ele daqui", disse certa vez minha mãe, depois de ver três enfermeiros tentando pegar minha veia em vão, porque eu já estava todo roxo.

Mas não eram essas referências de vida que eu queria levar para o Pedrinho.

No dia em que o conheci, toda minha vida passou como um filme diante de mim. Vidrado em seus olhos, percebi que ele, além de ter a mesma doença que eu, tinha as mesmas características físicas. Ficamos nos encarando enquanto eu tentava entender o que aquele bebê estava fazendo ali. Por que ele tinha cruzado o meu caminho?

Não era a primeira, nem seria a última palestra motivacional da minha vida. Mas certamente tinha sido a mais impactante. Cerca de 3 mil pessoas me esperavam enlouquecidas, enquanto os técnicos de som tentavam resolver um problema no áudio da apresentação, que insistia em não entrar.

Me concentrei no pequeno camarim atrás do palco. Não queria colocar tudo a perder. Não naquele dia. Os seguranças tinham acabado de me dizer que na primeira fila estava ele – o Pedrinho.

Pedrinho era um bebê de 3 meses com a mesma doença que eu, nascido sem braços e pernas. E seus pais, sabendo que eu iria palestrar ali, tinham percorrido quilômetros para chegar naquele local e me ver.

Eu tinha uma grande responsabilidade. Talvez o futuro daquela criança dependesse disso. O futuro de uma família que estava sem saber o que pensar, ou agir, e como enfrentar aquilo tudo.

Eu me vi um bebê. Um bebê no colo da minha mãe, que tinha feito o possível e o impossível pra entender como me dar os melhores recursos, e percebido que a melhor maneira de me criar seria mostrando que eu era capaz de tudo. E eu tinha realmente me tornado capaz de tudo.

A capacidade não estava relacionada aos membros e sim a mim mesmo. Mesmo com tantas dificuldades diárias, era através da minha mente que eu iria enfrentar os desafios que se apresentassem. Não era com braços e nem com pernas. E essa mensagem tinha que ser passada – não só para os pais do Pedrinho, como também para todos aqueles que estavam ali sentados naquele salão. Nada pode limitar um ser humano. Nenhuma prisão é pior que a nossa própria mente, que acredita naquilo que impomos à ela.

Entrei no salão cercado de 4 seguranças. Nunca tinha precisado de segurança para ser escoltado, mas aparentemente aquelas pessoas estavam me vendo como uma espécie de Semideus. Queriam tocar, queriam estar próximas.

Cinco minutos antes de entrar em cena, começou o vídeo em que eu tinha aparecido no Criança Esperança. De um menino aparentemente incapaz de qualquer coisa que tinha se tornado um gigante.

Eu era aquele menino. E rever aquela cena, sabendo que ali na plateia haveria uma criança que passaria pelas mesmas dificuldades que eu havia superado me fazia entender a responsabilidade que tinha em mãos. E, além disso, me fazia rever minha própria jornada.

Como eu poderia inspirar aquelas pessoas? Como eu poderia impactá-las? Através da minha história? Sim, mas se elas saíssem dali realmente transformadas, a minha vida seria melhor. A minha satisfação era saber que tinha contribuído verdadeiramente com algo significativo, perceber que tinha mudado algo dentro delas e feito com que percebessem que os limites eram condicionamentos aos quais nos entregávamos diariamente. Eram crenças e paradigmas que nos faziam desistir de coisas antes mesmo de saber se seríamos capazes.

A palestra foi seguindo. As pessoas levantavam, aplaudiam, e eu percebia dois olhares especiais fixos em mim. Os pais de Pedro estavam emocionados, felizes. Sentiam esperança, talvez pela primeira vez desde seu nascimento. E aquilo podia mudar tudo.

Quando encerrei a palestra, fui ovacionado como nunca. Mas algo ali dentro daquele salão me fez interromper o mestre de cerimônias e pedir mais um minuto de atenção.

"Hoje temos uma presença especial no evento", eu disse.

Todos ficaram surpresos e quietos. Aguardavam quem seria anunciado. Nem imaginavam o que estava por vir.

Pedi aos pais do Pedro que se levantassem e subissem ao palco. Eles ficaram estáticos. Andando devagar, subiram as escadas emocionados, e trouxeram o menino até mim. Nos encaramos. Era como me olhar num espelho e enfrentar uma vida toda. Um passado.

Uma trajetória, uma estrada. Ele estava começando um enredo de um filme que eu já vira passar. E sabia que podia ser extraordinário. Sabia que tinha potencial para ganhar o Óscar.

"Vocês devem estar com muitas coisas na cabeça – comecei – dúvidas, medos, e sabem que precisarão de apoio. Mas quero que saibam de uma coisa: esse menino vai ser um grande guerreiro."

As últimas palavras saíram quase inaudíveis. Eu engasguei com as lágrimas. A emoção era muito forte.

"Podem contar comigo".

Aquelas três palavras resumiam tudo que qualquer pessoa gostaria de ouvir. Ter com quem contar, na vida, era uma das maiores chaves para tudo. Saber que alguém confiava em nosso potencial era mais do que uma segurança – e não no sentido de se apoiar em alguém, como fazer pessoas com muletas. No sentido de ter alguém que acreditasse em nossa própria força de uma maneira que às vezes nem nós mesmos conseguíamos fazer.

A vida se encarrega de nos aproximar dessas pessoas. É como se Deus nos colocasse numa espécie de centro de treinamento para ver se somos aptos a entrarmos em outro patamar de evolução. E, para isso, é necessário contribuir ao máximo uns com os outros.

Enquanto chorávamos juntos, emocionados com o destino que nos aproximara, eu lembrava de todas as vezes que tinha provocado impacto em pessoas. Em todos os momentos que podia bater no peito e dizer que minha missão estava sendo cumprida.

Eu lembrava daquela sensação. Era forte o suficiente para não ser esquecida. Eu sentia com todas as minhas forças que estava no caminho certo. E quando tinha provas como essa, sabia que minha missão estava apenas começando.

Era um domingo ou sábado. Talvez fosse uma terça-feira à noite. Sim, era uma terça. Eu estava cansado, no meu computador pessoal, olhando coisas que aparentemente não mudariam nada na minha vida. Administrava minha página no Facebook, lia e-mails e mensagens que chegavam pelo site. Coisas que eram parte da minha rotina como palestrante motivacional que eu tinha me proposto a ser.

Até que abri um *e-mail* cujo título era "Obrigado". Aquele obrigado me chamou a atenção. Recebia muitos e-mails de pedidos de ajuda. Mas um agradecimento ali no meio me fez desviar o olhar e abrir.

Se eu tivesse um braço, esse seria o momento que eu ajeitaria os óculos no rosto, tomaria um gole de café e me concentraria. Mas tudo que fiz foi olhar para aquelas palavras e começar a devorá-las sem parar. Consumido por uma espécie de voracidade. Elas alimentavam a minha alma.

"Marcos eu queria te dizer uma coisa. Perdi meu emprego semana passada. Era o emprego de uma vida e faltava pouco para que eu me aposentasse. Estava me sentindo um fracasso, e na mesma semana, minha esposa pediu o divórcio. E eu perdi a mulher da minha vida. Saí de casa decidido a tirar minha vida. Já sabia até mesmo como fazer e o que faria. Não costumo entrar em botecos e padarias, mas o fiz, por impulso ou força do destino. Quando entrei numa padaria algo me atraiu para a televisão. E às onze da manhã daquele dia, quem estava na televisão era você. Você contava sua história e passava uma mensagem para quem estava em casa. A porrada foi tão forte que eu saí de lá, tomei um banho e decidi sair para procurar um emprego. Queria lhe agradecer por salvar minha vida".

Comecei a imaginar cada passo daquele homem desde que recebera a notícia da demissão. Eu tinha o costume de me colocar no lugar do outro para tentar sentir aquilo que a pessoa sentia. Tentar sentir a dor dela. E sabia que o sofrimento e a dor não se mede. Cada um tem o seu, e nenhum pode ser maior que o outro. Uns conseguem aguentar mais. Outros menos. E não dava para mensurar o quanto cada um era capaz de suportar.

Fiquei uns bons minutos revisitando cenas do meu passado. Cenas que se conectavam com aquela vida. E a primeira coisa que me lembrei foi do meu tio que se suicidou quando eu tinha 16 anos.

Estava na sala, jogando videogame quando recebi a notícia. Minha mãe corria desesperada pela sala dizendo que ele tinha se jogado da janela do oitavo andar e deixado uma carta. Naquele instante, eu me perguntei o porquê de as pessoas tirarem a própria vida. Mas não era a primeira vez que lidava com algo do tipo.

Meu irmão por parte de pai, que eu nunca cheguei a conhecer, também havia cometido tal atentado contra a vida aos 18 anos. Eu tinha 6.

Eu lembro só alguns detalhes da história. Do meu pai, desolado, recontando a notícia que recebera meses depois, já que o filho morava nos Estados Unidos com sua mãe, que não deixava que ele o visitasse. Era pesado. Era quase inacreditável.

Já tinha ouvido muita gente dizer coisas do tipo. Mas conhecer duas que tinham ligação direta comigo, era forte demais para ser esquecido.

Por isso a palavra suicídio não chegava até meus ouvidos como uma ameaça. Era real demais para ser ignorada. Uma pessoa que decide tirar a própria vida, e considera que tem motivos fortes o bastante para isso, raramente muda de ideia.

Abri o tópico responder, pois já sabia o que escrever a ele. Já sabia que ele esperava uma resposta. Um agradecimento. Palavras de coragem. Mas o que eu diria talvez mudasse o rumo de sua história.

"Caro amigo,

Obrigado por seu e-mail e suas palavras.

Só gostaria de dizer uma coisa: quem salvou sua vida não fui eu. Foi você mesmo. Você é o responsável pelo próprio destino. É responsável pelo sucesso, pelo fracasso, pelos seus amores ou desamores.

E eu? Eu sou apenas um instrumento que tenta ajudar as pessoas a seguirem pelo caminho da felicidade.

Com carinho,

Seu novo amigo, Marcos"

Fechei o computador e fiquei pensando no impacto que aquele e-mail tinha causado em mim, e no impacto que minhas palavras poderiam causar nas pessoas. Foi simplesmente o depoimento mais forte que eu já tinha recebido na vida. Eu poderia passar o ano dando palestras em todos os lugares do Brasil, mas não haveria cachê no mundo que pagasse algo do tipo.

Eu me sentia da mesma forma ali naquele momento, ao lado dos pais daquela criança, cujos pais me procuraram na semana seguinte para dizerem que estavam transformados após a minha palestra. Que tinham deixado que os sonhos nascessem de novo.

Chamei ambos para que me vissem andando de *skate*. De todas as coisas boas na vida, saber que o filho deles poderia sentir o vento bater no rosto e sorrir feliz por isso, talvez fosse uma grande recompensa.

Porque limites não existem.

"O senhor pode ser preso por isso nos Estados Unidos", disse a atendente com tom de seriedade.

Sim, preso. Era o que me faltava naquela altura do campeonato. Tinha acabado de conhecer a mulher da minha vida, havia me casado, conseguido dinheiro suficiente depois de espremer de todos os cantos para uma viagem de lua de mel e ser preso. Bem na lua de mel.

A Lu me olhou, segurando o riso. A piada tinha sido boa, mas não fora aceita com tanta naturalidade. Entendi que talvez não fosse a hora certa de brincar. Justo eu que costumava soltar piadas para todos os lados.

Estávamos na nossa primeira viagem internacional juntos. Casar com a Lu tinha sido um sonho. Desde que eu tinha me separado, não me apaixonara por ninguém, e conhecê-la me fazia ter a certeza de que existia alguém especial para cada ser desse planeta. Por isso eu achava que nossa lua de mel tinha que ser à altura de nosso amor. E tínhamos escolhido a Disney para celebrar a união. Não era um lugar qualquer. Era ali que sonho e magia se encontravam. E de sonho e magia eu entendia bem.

Eu já tinha visitado aquele lugar aos 6 anos de idade. E tinha sido marcante o suficiente para se tornar frustrante o fato de não poder ter ainda visitado novamente. Lembro-me de cada segundo que eu sofria ao ver o disco de vinil com o castelo e chorando de vontade de voltar.

Quando casei, era a deixa certa. Eu precisava arranjar dinheiro para a viagem, e o destino não poderia ser outro.

A Lu, que tem a alma tão infantil quanto a minha, logo comprou a ideia. Mas primeiro eu precisava levantar o dinheiro. E não seria tão fácil quanto eu imaginava. Uma viagem internacional exigia dólares. E dólares estavam custando o olho da cara.

A primeira coisa que fiz foi deixar de comprar algumas coisas e começar a economizar nos detalhes. Aos finais de semana ficava de sol a sol cantando na Paulista. E às vezes ainda dava uma canjinha a noite, depois de sair do banco.

Mas parece que quando a gente quer muito uma coisa, tudo conspira ao redor. E quando eu menos esperava, um dinheiro apareceu do nada para garantir que fosse feita a viagem.

Um tempo antes eu tinha enfrentado uma companhia aérea e entrado com uma ação judicial porque perdera uma cadeira elétrica que fora destruída após um voo. O tempo tinha passado, os trâmites legais tinham rolado, e a indenização chegou no momento exato que eu precisava do dinheiro. Parecia claro que se eu estivesse com uma vibe positiva as coisas simplesmente aconteciam. E eu gostava muito disso.

Peguei todo o dinheiro e completei para pagar a viagem. Eu e a Lu parecíamos crianças na primeira excursão do colégio. Animados, compramos ingressos para todas as atrações. E, adivinhe? Em plena lua de mel, fizemos sexo apenas uma vez – e deixo essa revelação só para os leitores do livro, tá? Isso porque preenchemos nossa agenda, das seis da manhã até a meia-noite, com coisas tão interessantes quanto um boa noite de sexo.

Lá estávamos nós no parque. Um paraíso para qualquer cadeirante, já que em todos os brinquedos o último carrinho era composto de uma rampa que girava para fora, descia e cuja cadeira encaixava perfeitamente para que eu desfrutasse todas as atrações.

Eu disse todas? Bem, quase todas.

Em alguns brinquedos havia uma regra clara, todas as sinalizações eram bem específicas em relação a isso. Era preciso ter pelo menos "um membro".

Então, lá estava eu, diante da funcionária, tentando convencê-la de que eu poderia entrar.

"Mas eu tenho um membro, senhora!"

Não lembro se dei uma risada ou uma piscadela. Mas foi o suficiente para ela fechar o rosto e dizer categórica que eu poderia ser preso por aquele comentário aparentemente inofensivo. E ela não estava pra brincadeira. Pedi desculpas e fomos para outras atrações sob olhares dos funcionários do parque.

Direto para um parque que imitava uma ilha caribenha onde havia praias artificiais, inclusive com água salgada.

Lá, eu e a Lu resolvemos mergulhar, sem saber o que estava por vir.

Colocamos roupa de neoprene, acessórios de mergulho, e quando olhamos para o tanque, arraias imensas nadavam com seus filhotes ao lado.

"Lu, muito cuidado" – avisei, querendo colocar medo – "se o ferrão da arraia encostar em você, você pode morrer."

Era claro que as arraias estavam sem ferrão naquelas circunstâncias. Mas para a Lu as palavras tinham um outro peso. Ela entrou no tanque em verdadeiro pânico. E eu só fui perceber isso quando chegamos em determinado ponto e ela não quis avançar.

Eu precisava dela o tempo todo pois nadava com o tubinho – o *snorkel* - pra fora e se ela não me segurasse eu afundava e não conseguia mais respirar. Então, ela me dava uma mão e eu remava com outra.

"A arraia", ela disse enquanto uma arraia filhote passou por ela.

Eu tentei balbuciar, com o tubo na boca, que não

tinha qualquer problema nisso, mas foi em vão. Ela já estava praticamente paralisada de medo e queria sair dali. Quando saímos do tanque, percebi que não podia brincar com coisa séria. E era a segunda vez que aprendia aquela lição no mesmo dia.

Consegui convencê-la de que tudo era seguro, e estávamos num lugar turístico onde não haviam perigos foi fácil. Mas fazê-la se aproximar do vidro onde estavam os tubarões foi um processo mais delicado. Ela não conseguia ver o vidro que estava em diagonal, e dava a impressão de que estávamos cara a cara com aqueles bichos imensos.

Nos entreolhamos. Era um momento em que eu agradecia por tê-la ao meu lado, porque sabia que tinha escolhido a pessoa certa desde que a vira pela primeira vez saindo daquele ônibus na rodoviária.

Meus amigos costumavam chamá-la de 'Perfeita'. Era realmente uma mulher perfeita pra mim. E eu não tinha dúvidas de que ela sentia isso, e que teríamos uma longa vida juntos.

Enquanto ela me observava, eu olhei para o alto. Havia um grande sinal de perigo. De repente, uma senhora americana, daquelas bem acima do peso, com um colete que mal fechada nela, estava em posição de ataque sobre uma pedra. Ela estava pronta para pular. Quando me dei conta disso, só consegui dizer "Oh ow", como num desenho animado que o personagem principal vê que está entrando numa fria. Qualquer ondulação na água faria com que água entrasse no *snorkel* – e aí eu não poderia mais ficar ali sem respirar.

Foi o tempo de dar esse sinal – esperando que a Lu me tirasse dali – e a mulher se preparou e deu um pulo, mas não foi um salto ornamental. Foi um pulo bomba – segurando os joelhos e caindo feito uma bola dentro da água, fazendo tudo se movimentar.

Ao invés de me salvar, a Lu simplesmente teve um ataque de riso dentro da água, rindo dentro do *snorkel* dela. Ela ria tanto que nem conseguia se mover. E eu em pânico pedindo que ela me tirasse dali, porque já tinha entrado água no tubo. Ambos embaixo da água tentando se comunicar.

Pensei que ia morrer ou perder a consciência. E seria uma grande fatalidade se aquilo acontecesse justo na minha lua de mel. E de grandes fatalidades eu entendia. Oh se entendia.

Por uma fração de segundo, eu me recordei quando estava no hospital, sem memória, olhando para minha primeira esposa, grávida de oito meses, sem lembrar que ela estava grávida. Eu tinha sofrido um grave acidente e perdido a memória recente. E era desesperador não ter referências do passado para poder lidar com o presente.

Ela estava diante de mim, no hospital, com aquela barriga imensa, e eu não conseguia lembrar de todas as semanas que antecediam aquele fato. Era como se eu tivesse acabado de conhecê-la. E por mais que o médico dissesse que a memória iria voltar aos poucos, a sensação era desesperadora.

A única coisa boa que eu tinha era a cabeça, que funcionava muito bem. Perder o funcionamento do meu cérebro não estava nos meus planos. E muita coisa na vida não estava nos nossos planos, mas vinham justamente para nos ensinar. Para nos mostrar que não temos controle sobre tudo.

Eu me lembro de uma vez quando entrei num centro kardecista para dar uma palestra e o dirigente simplesmente me dizer que eu tinha sete anjos da guarda, mas todos estavam hospitalizados. Na época demos risada, mas eu entendia que sempre estava em risco. Mas viver era arriscado.

Muita gente me perguntava se eu não achava que me colocava em risco o tempo todo. Mas eu respondia que sabia que não ia morrer de véspera. Acidentes e intercorrências aconteciam, mas quando fosse para eu partir, isso simplesmente aconteceria de maneira inevitável.

Imaginava um lugar onde as pessoas estariam após a

morte. Sabia que havia esse lugar. E não temia a morte, como muitos. Mas temia o juízo final. Porque sabia que todos prestaríamos contas daquilo que fazíamos aqui na Terra. Eu acreditava na justiça divina. E, quando era mais jovem, acreditava na justiça dos homens também. Aliás, queria ser juiz quando entrei na aculdade de Direito.

Meu sonho era fazer justiça. Logo depois pensei em ser policial ou investigador. Mas percebi que seriam necessários certos exames físicos e eu não poderia ser selecionado. Então percebi que a justiça não era para todos. Pelo menos a daqui da terra. E quando terminei a faculdade, entreguei o diploma para minha mãe, pois não era meu desejo trabalhar como advogado.

A época da faculdade, apesar de trazer alguns bons amigos, teve seus perrengues. A estrutura da faculdade era ruim. Não tinha banheiro e eu segurava das sete às onze pra não fazer xixi nas calças. Todos os dias eu ia sozinho até a faculdade, que ficava na avenida Vergueiro. De cadeira de rodas, pela rua ou calçada, eu ia e voltava sem companhia.

E foi num desses dias que sofri o acidente que levou minha memória embora. Na época eu tinha uma cadeira de rodas norte-americana que era meio instável e não muito segura. Eu estava lá e sempre fui muito independente. E o pneu furou. O pneu traseiro. E tinha um posto de gasolina do lado da faculdade.

Naquele momento, pensei em encher o pneu e solucionar aquele problema. Então fui subir na calçada. E havia uma pequena inclinação na calçada de cimento. Como a cadeira estava sem uma das rodas, assim que acelerei para trás e caí com a nuca no chão e apaguei.

As pessoas se aglomeraram em volta de mim, estávamos próximos à faculdade e muita gente me conhecia por ali. Foram meus amigos de sala que me levantaram e perceberam que eu não estava falando nada com nada. Chamaram meu padrasto, ele foi me buscar e eu não conseguia responder nenhuma pergunta. Eu me lembro de acordar no hospital no dia seguinte.

As horas tinham passado eu não tinha visto nada acontecer. Não sabia que horas eram, nem que dia. E fiquei apavorado.

"Filho, você está bem?", minha mãe perguntou.

Eu comecei a rever os fatos, mas não lembrava do acidente.

E de repente percebemos que havia algo muito sério acontecendo. Quando ela disse que a namorada estava grávida, soltei uma gargalhada. Não acreditava. Fiquei nervoso, mas dei risada dizendo que era mentira. Mas ela já estava de oito meses, dos quais eu não lembrava um único dia.

Era aterrorizante. Não saber o que se passava e acreditar piamente naquilo que eu achava que tinha vivido. Não havia uma memória sequer pra contar história. Tudo que tínhamos passado até então tinha se apagado.

Quando ela entrou naquele hospital, fiquei desconfortável. Não acreditava no que estava vendo. E fiquei desesperado. Com medo de não recuperar a memória.

O médico explicou que era o impacto da queda. Como tinha batido numa região do cérebro que tinha a memória recente, teríamos de esperar o coágulo sumir. E aos poucos a memória acabou voltando.

De todas as dificuldades da vida, aquela tinha sido uma que provocara tanto medo que eu não conseguia esquecer. Mas sobre esquecimento eu não precisei mais falar, já que as lembranças foram voltando como se sempre tivessem existido.

"Eu tenho uma deficiência...", ele começou a dizer.

Tinha acabado de conhecê-lo. Estávamos num café perto de um teatro onde ele faria uma apresentação no mês seguinte. Como também era palestrante, uma amiga em comum nos apresentou para que trocássemos ideias e planejássemos coisas juntos.

A conversa estava fluindo bem. Era um cara bem-apessoado, com características de liderança, já tinha sido presidente de empresa e coisa e tal. Não parecia passar por grandes dificuldades. Mas disse que tinha uma deficiência. Parei para escutá-lo.

"Qual deficiência?"

Ele gaguejou.

"Desculpe. Eu quis dizer dificuldade."

A conversa seguiu normalmente. Logo que ele foi embora, a amiga que nos acompanhava ficou curiosa. Perguntou como eu lidava com isso.

"Como assim?", perguntei.

"Quando as pessoas se lamentam de coisas bobas para você. O que você faz?"

Ela mesma dissera a mim na semana anterior que ia reclamar de algo e quando nos falamos por WhatsApp, sentiu que o problema dela nem era um problema. Só porque perguntei se estava tudo bem.

"Tudo depende de como as pessoas encaram os problemas. Não dá para medir sofrimento – falei – uma coisa pode ser difícil para uma pessoa e simples para outra. E quando ele falou de deficiência, perguntei qual era porque realmente achei que era uma coisa séria. Não que fosse um medo de arriscar. Mas para ele isso é limitante. É como não ter um braço.

Ficamos conversando um bom tempo sobre isso. Eu tinha a nítida impressão de que não dava para medir problema. Era como dor, uma coisa muito subjetiva. Para um pode ser uma coisa e para outro nada.

O que eu via nas pessoas eram limitações. Pequenas limitações que faziam com que não encontrassem soluções para coisas cujas soluções estavam diante delas o tempo todo. Eu via claramente que o mundo era um Universo de possibilidades que estavam à nossa disposição. Bastava querer vivenciá-las, experimentá-las.

"Estamos aqui para viver e sermos felizes", falei.

"Você me inspira tanto – ela retrucou – parece fácil."

"É fácil", eu disse.

Eu era a prova viva de que quando uma coisa dava certo, aquilo virava combustível para que eu conseguisse outras. E eu adorava recuperar sonhos e colocá-los em prática.

"Você faz isso uma vez e dá certo e começa a ser a prova de que não existe impossível – completei – a pergunta que deve se fazer sempre é 'por que não?'".

Enquanto falava, eu me lembrei da Amy. Ela era minha irmã por parte de pai. E ela morava nos Estados Unidos.

Quando eu tinha uns 6 ou 7 anos, a Amy veio para o Brasil e passou uns tempos conosco. Lembro que ela tinha sido fantástica comigo. E continuamos tendo uma relação fraterna desde então.

Logo que ela voltou para San Diego, onde vivia, fez uma série de vídeos e me enviou numa fita VHS. Ali ela mostrava sua rotina na cidade, o que fazia, como eram as coisas. E o mais interessante é que só fui ter acesso ao material anos depois, quando, sozinho em casa, fui transformar todos as fitas VHS em DVD.

Mesmo assim, ela era alguém por quem eu tinha carinho. E certa vez, conversando pelo *Facebook*, ela perguntou 'Por que você não vem assistir um jogo do Chicago Bulls aqui?'

E eu era o cara mais fanático do mundo pelo Chicago Bulls. Sabe aquele torcedor obcecado? Era eu. E tudo começara quando era pequeno e minha mãe começou a namorar um jogador de basquete. Eu me tornara um admirador do esporte e nunca mais parara.Então aquela pergunta me pegou desprevenido. Por que não?

Eu me vi no bloco de Carnaval, ao lado de um amigo, que perguntava, meses antes de eu entrar em cena na avenida, por que não tocar numa escola de samba profissional.

E desde então essas três palavras começavam a fazer parte do meu repertório. Se houvesse algo que eu não pudesse encarar, me perguntava 'por que não? '. E tudo ficava mais fácil.

Foi dessa maneira que comecei a construir a maior parte dos sonhos que vivi. Eram às vezes sonhos esquecidos. Mas que faziam parte daquele grande mural de figurinhas que eu queria completar no álbum da vida.

Ver o Bulls jogar era um sonho. Mas eu teria que ir para Chicago. E talvez ir para Chicago não fosse tão difícil quanto eu imaginava.

Então comecei a juntar dinheiro, como tinha feito na época da lua de mel. Eram pequenas economias, mais trabalho extra, e o mais importante – o sonho de assistir meu time jogar. Não sei ao certo quantos meses se passaram do dia que a Amy perguntou"por que não?"ao dia que pisei em Chicago. Mas não foi tanto tempo assim. Em menos de um ano eu estava lá para fazer história.

Espaço para sonhar era o que não faltava na minha mente. Mas com o frio que fazia na cidade, eu não contava que quase congelaria o pouco de braço que eu tinha. Sim, como costumávamos cortar ou dobrar as mangas, o frio passava pela blusa e eu quase morria com aqueles 28 graus negativos. A solução era comprar luvas. Mas quem venderia luvas para um cara sem mãos?

Quando entramos na loja, daquelas com balcões altos, perguntei à atendente se ela tinha luvas. Sim, ela tinha entendido direito – luvas.

Ela me olhou de cima a baixo e perguntou qual era o tamanho.

Acho que podem ser pequenas – brinquei.

Ela foi até a estante e pegou um par de luvas de criança e me ajudou a colocar. Eu e a Lu pagamos e fomos para a rua. Era curioso andar com aquelas luvas e ter a sensação de que havia mãos por baixo delas. Começamos a rir. Primeiro daquela situação engraçada. Depois do *hip hop* que tocava ao fundo e me forçava a imitar um norte-americano dançando com as mãos. E foi o que fiz, arrancando gargalhadas de todo mundo que passava.

Marcos? – Disse uma voz suave vindo em nossa direção.

Era ela, a Amy. Ela morava em Chicago e tinha se comprometido a nos encontrar todos os dias depois do trabalho para nos levar aos lugares turísticos da cidade. Logo no primeiro dia percebi que aquele era o lugar que eu queria viver, pois tudo era adaptado. Para onde fôssemos, não corria nenhum risco de não entrar, da cadeira ficar entalada, para fora ou ser mal aceito. Todas as coisas eram pensadas para acolher todos os cidadãos e turistas que visitavam a cidade.

Nesta noite, ela nos convidou para comer *pizza*. No caminho, achei que não me surpreenderia. Que vivia na cidade onde existiam as pizzas mais gostosas do mundo, e que comeria uma daquelas massas horrorosas com uma camada generosa de queijo.

Mas eu estava enganado. Naquela noite comi o que considero até hoje como a melhor pizza do planeta. E a viagem estava apenas começando.

O dia do jogo se aproximava e minha ansiedade só

crescia. Era uma criança à espera do presente do Papai Noel. Tinha horas que eu ficava olhando para tudo aquilo e perguntava se estava realmente acontecendo comigo. A única diferença era que não podia me beliscar. Tinha que pedir para a Lu fazer isso.

"Deixa de ser bobo", ela dizia.

"Mas será que eu to sonhando?", eu perguntava às vezes.

Não era a primeira vez que tinha essa impressão. Quando começara a tocar o repinique chamando a bateria toda atrás de mim, sentia a mesma coisa. Era um pulsar diferente. Um sangue novo correndo nas veias, uma sensação de poder inquestionável e incrível.

Eu me sentia mais vivo. E não era só a vibração do som daquela bateria que me deixava daquele jeito. Era saber que eu era capaz. E ser capaz ia muito além de enfrentar um limite físico. Ser capaz dizia respeito a seguir adiante num sonho mesmo quando todas as condições pareciam inadequadas. Quando tudo parecia não dar certo. Quando o vento não soprava a favor.

No dia em que chegamos no ginásio onde aconteceria o jogo, quase caí para trás. Uma estátua gigante do Michael Jordan nos esperava.

Dei um grito que estava preso na garganta. Era um grito de vitória, mas eu nem sonhava o que ainda estava para acontecer naquele dia.

Passamos pelas lojas e restaurantes do ginásio e a Amy chamou um cara do *staff* do Bulls que me deu um certificado por estar lá pela primeira vez.

Antes de continuar a história, preciso contar algo a meu respeito. Eu de fato gostava do Chicago Bulls. Mas o que me levara a gostar do time não tinha sido exatamente o jogo, nem os jogadores. Eu gostava mesmo era do Benny.

O Benny era o mascote do Chicago. Uma espécie de tirador de sarro que entrava no meio do jogo e brincava com todo mundo. O Benny era meu ídolo. Eu não sabia disso, mas meses antes de seguirmos viagem, meu pai tinha realizado meu sonho. Ele escrevera para o Chicago Bulls e contara toda a minha trajetória e sonho. E sobre minha fixação pelo Benny.

Quando começou o intervalo, viria a maior surpresa de todas, que eu não estava preparado para receber. Ligaram a câmera do beijo. A câmera do beijo funcionava assim: se focalizassem um casal, eles teriam que se beijar, independentemente de se conhecer ou não.

E em todos os intervalos do jogo, antes do Benny entrar, a câmera focalizava alguém. Naquele dia, ela focalizou um cara que estava atento ao celular. No telefone, ele não percebeu que tinham sido alvo da brincadeira e que a imagem de ambos estava no telão. Enquanto a mulher puxava seu braço, ele a afastava e continuava no celular. Mas a câmera insistiu. E ela ficou constrangida. O homem nem tentou dar uma chance ou olhar para o lado. E foi grosseiro com ela.

Foi quando chegou o Benny, com um copo de refrigerante na mão, e despejou na cabeça do homem e pegou sua esposa no colo e saiu dali ovacionado pelas palmas de todo o estádio. Eu nem piscava de tanta alegria.

Até que ele desceu, andando pelo encosto das cadeiras e parou. Olhou na minha direção e veio caminhando, em *slow motion*.

Meu coração estava disparado. E minhas suspeitas se confirmaram. Ele estava se dirigindo até mim. Chegou diante de mim, abriu uma sacola, pegou uma máscara de Benny, colocou em mim e me abraçou. O estádio veio abaixo. Todos ficaram aplaudindo, de pé, enquanto eu escondia minhas lágrimas de alegria atrás da máscara.

A felicidade que aquele momento me dava não podia ser comprada. E, mais uma vez, era como se eu tivesse dentro de um filme. Um roteiro de cinema feito para que eu fosse o protagonista.

Até hoje, todas as vezes que olho para as paredes da minha casa, com quadros do Benny, sinto o poder daquele momento. Relembrar a história do Benny me faz mais forte.

E eu estava prestes a terminar uma palestra quando tudo veio à tona na minha mente. Enquanto o telão passava o meu vídeo, eu me lembrava de como tudo aquilo tinha começado. De como os milagres passaram a acontecer na minha vida.

Pouco antes de entrar em cena em uma das palestras que faria para milhares de pessoas, lembrei de como tudo aquilo tinha começado. De repente a figura do Rodrigo apareceu na minha mente.

Conheci o Rodrigo Cardoso no mesmo dia que conheci a Rosana Braga. Era a gravação do DVD do Aldo Novak sobre a Lei da Atração, e estávamos os três juntos no set de filmagem, conversando sobre transformações que tinham acontecido nas nossas vidas depois que passamos a acreditar em nós mesmos. Mal sabia o Rodrigo, mas cinco anos depois eu faria um testemunho em vídeo agradecendo-o por tudo que tinha me ajudado a transformar em minha vida.

Mas nossa estrada juntos estava apenas começando. E ele e a Rosana ainda nem imaginavam que um dia se casariam.

Os anos se passaram e fomos mantendo contato depois daquela gravação. Cada um foi aplicando a Lei da Atração em sua vida e entendendo um novo mecanismo. Acreditar e ter fé passou a ser nosso mantra. E, vez ou outra, nos falávamos, mas ainda não tínhamos feito nenhuma conexão profunda.

Até o dia em que ele me ligou. Queria que eu participasse de seu evento. E eu, que já estava casado com a Lu na época, não recusei o convite. Fomos, os dois, passar um dos finais de semana mais transformadores de nossas vidas.

Eu me lembro do sorriso dele, da energia ao nos receber, da alegria genuína em estar comigo mais uma vez. E percebi como ele estava maior. Não no sentido físico. Mas parecia maior em tudo. Tinha mais energia, estava mais feliz, pleno, havia aplicado dezenas de coisas em sua vida, as quais tentava transmitir através de um evento que promovia uma transformação. Eu mal sabia o que estava me esperando.

A primeira coisa que aconteceu ali foi que nos dividimos em grupos. A Lu acabou no mesmo grupo que eu para me auxiliar na parte prática como me levar ao banheiro e me ajudar com cuidados básicos e eu fui eleito o líder do grupo por unanimidade.

Assim, tive que usar uma faixa vermelha na testa. E seguimos sem traumas. Eu não podia imaginar que aquela liderança me traria o peso das responsabilidades e terminar por me mostrar como era ser responsável por um grupo. E que liderar não era apenas motivar e elevar. Era também se comprometer e arriscar a si mesmo. Então veio a porrada no estômago.

Ele me colocava pra fazer tudo, e eu só não andei sobre a brasa porque não tinha pés, mas ele me carregou em seus braços enquanto ele pisava na brasa incandescente e eu podia sentir o calor do chão em meu rosto. Todos caminharam e superaram pequenos e grandes limites.

E, apesar da dinâmica ter sido bem-sucedida, foi em outra situação aparentemente simples que eu me vi renascer.

"Todos os grupos devem decorar um texto", dizia o instrutor.

O texto era do "Eu interior"e cada pessoa do grupo precisava decorar uma fala. Depois recitaríamos o texto todo no palco. Quem errasse ou não soubesse, ainda tinha uma chance de ser salvo pelo líder, que era eu naquele caso.

Ficamos ali decorando o texto. Quando entramos no

salão todas as luzes estavam diferentes, o *staff* estava com roupas representando a morte, e percebi que o próprio Rodrigo tinha uma expressão séria. Ele não estava ali para brincar.

O meu grupo começou. E diante de cada um que falava, ele se colocava diante da pessoa com feição séria, esperando que dissesse cada palavra com firmeza. E as pessoas foram falando, falando, até que chegou a vez da Lu.

Quando ele se colocou diante dela, ela, sempre tímida, engasgou. Não sabia falar, mas não parava de encará-lo. E não lembrou da frase. Deu um branco total. Ele olhou para mim e pediu que eu a salvasse.

Aquela cena jamais vai sair da minha cabeça, por tudo que representou. Sem esboçar um sorriso, ele pediu que eu dissesse a fala da minha companheira de equipe, como tínhamos combinado.

Um silêncio pesado me deixou transtornado. Todos fixaram os olhos em mim. Meu jeito brincalhão e descontraído simplesmente desapareceu. Eu comecei a suar. Olhei para ela, olhei para ele e sentenciei:

"Não lembro."

Eu não lembrava a fala dela. E justo a fala dela. Ele parou diante de mim, com as veias saltando da testa, e disse com firmeza as três primeiras palavras que ela recitaria:

"Coração de servidor....."

E continuou:

"Ninguém aqui nesse auditório todo tem o coração maior do que essa pessoa que está do seu lado e você não reconheceu isso". E nos desclassificou.

Fiquei ali, parado, digerindo tudo aquilo. Teria sido simples eu fazer uma analogia, ainda mais sendo ela. Mas não. Não consegui reconhecer a pessoa que estava ao meu lado. A pessoa que era a maior servidora do Universo.

Eu estava tão concentrado em mim e nas coisas que podia e conseguia fazer sozinho, que mesmo valorizando a minha companheira, não reconhecia o seu maior valor, porque sem ela eu jamais faria tudo aquilo. Ela era fundamental na minha vida e eu ainda não tinha me dado conta disso. E, mais – além de ser uma servidora e viver se ocupando dos meus cuidados, ela não pedia nada em troca, não se gabava por isso, e ficava nos bastidores sempre esperando que eu ocupasse o posto principal.

Comecei a chorar e refletir naquela tarde. A lição tinha sido muito forte. Eu tinha aprendido que eu não era capaz de tudo sozinho. E que eu deveria valorizar as pessoas que estavam à minha volta, porque mesmo com toda a motivação e empenho, sem ajuda eu não chegaria onde estava.

Quando a gente se dá conta disso, tudo fica mais claro. Minha posição de humildade me permitiu ser grato a ela. E entender que todas as experiências traziam ensinamentos, e eu levaria aquela lição para o resto da vida – reconhecer o coração de quem estava ao meu lado.

Quando entrei naquela palestra, depois do vídeo, e depois de lembrar de cada passo desde que encontrei o Rodrigo, agradeci mais uma vez por todas as pessoas que tinham passado pela minha vida. Agradeci porque sabia que cada uma tinha o seu valor, sua força.

"Nunca fiquei me questionando porque tinha nascido desse jeito", comecei contando na palestra enquanto todos me observavam.

Entrou a trilha sonora, as pessoas foram se envolvendo, falei sobre propósito, contei quem eu era e que eu tinha uma missão de vida: melhorar a vida de outras pessoas.

"A minha vida não foi fácil. Foi difícil quando tive que pingar de escola em escola até ser aceito. Mas eu tive uma infância muito feliz. Sabem por quê? Porque brincava daquilo que gostava. E essa é a sacada – a grande sacada da vida. Quando você faz o que gosta, é mais fácil passar pelas partes difíceis".

As pessoas continuaram ouvindo e prossegui.

"Mesmo assim tinha que respeitar minhas limitações. Brincava de esconde- esconde e pega-pega. Era fácil me esconder. Só me jogavam dentro de uma gaveta"

Todos riram e eu prossegui.

"Na infância começam a ser formadas nossas crenças e valores. Se por acaso vocês forem prisioneiros de crenças, podem mudar".

Percebi que as palavras saiam da minha boca mesmo quando eu tinha um roteiro preparado. Eu estava vivendo uma missão e sentia uma força grande me guiando.

Contei as partes engraçadas, como não ficar frustrado enquanto criança, porque participava de todas as festas da escola, inclusive já tinha sido fantasiado de pintinho amarelinho, palhaço... E enquanto contava sobre cada detalhe, mostrando fotos, recortes da minha vida surgiam em minha mente.

Minha mãe, meu pai, minha irmã. Todos aqueles corações de servidores que tinham sido fundamentais para que eu me tornasse um gigante. Cada pessoa naquela plateia era parte da minha história. E cada um daqueles destinos que se transformavam, assim como o meu tinha sido transformado com o Aldo e com o Rodrigo, e com tantos anjos inspiradores, teria, no futuro, uma história de superação pra contar. Todos éramos como uma grande cadeia. Íamos impactando e motivando uns aos outros, afim de que chegássemos mais alto e mais longe.

De repente, a música "I Believe I Can Fly" começou a ecoar em minha mente. Eu tinha acreditado. E tinha acreditado tanto, com tanta força e intensidade, que meu voo se tornara realidade.

Lembrei-me de quando achei que não poderia escrever e minha mãe teve a ideia de colocar durex para grudar a caneta no meu pequeno braço. Lembro de como comecei a utilizar os recursos à minha volta para executar grandes transformações e como tínhamos encontrado logo depois uma mola que mandamos fazer especialmente para que eu pudesse escrever. Lembro de cada momento que não recuamos, mesmo quando tudo parecia vir contra nós.

E como aquilo acabara se tornando dispensável depois do advento da tecnologia, e de como eu digitava com tanta facilidade como qualquer outra pessoa.

Contei ali diante de todos sobre cada desafio que tinha passado na minha vida. Contei detalhes que parecem dispensáveis, como dizer que a única diferença no banco onde trabalho é que minha mesa é mais alta para que eu alcance o teclado, e que uso um headset para atender o telefone.

E lembrei de tantas vezes que tinha sido inevitável reclamar. Mas como eu tinha aprendido que reclamar não era solução para nada. Suspirei.

Eu lembrei do dia em que acordei com a haste de aço na coluna e tive a notícia de que não poderia mais usar muletas, que não podia mais jogar bola e fazer tantas outras coisas que gostava. E de como tinha enfrentado aquilo. Não tinha sido fácil, mas eu tinha acionado uma parte do cérebro que me fazia entender que dava pra fazer tudo que eu quisesse, sem me lamentar e focar no que não dava pra ser feito. Assim como eu muitos conseguem fazer e resolver os problemas de maneiras incríveis.

À medida que fui seguindo na palestra, lembrei do dia que vi o Faith na internet – o cachorro que anda com duas patas. E como aquilo parecia estranho para muitos, justamente porque não era comum.

Comecei a contabilizar tudo aquilo que já tinha sido capaz de fazer e vi que muita gente chorava. "Quando fazemos uma coisa, isso vira um combustível para que sigamos com outras realizações", completei.

Neste momento muita gente chorava.

Contei do bloco de Carnaval, dos meus hobbies, do meu trabalho, de como as pessoas ficavam com medo de que eu fosse roubado quando comecei a vender velas na Paulista e de como eu tinha seguido adiante mesmo com o "E se". Era comum ver pessoas que não começavam nada por causa do "e se". Nem um trabalho, nem um relacionamento. Nem nada.

"O que tiver de fazer, faça agora, com os recursos

que você tem", exclamei, cheio de força dentro do coração. Como se eu fosse capaz de, através das minhas palavras, espalhar pequenas bênçãos que se tornariam milagres logo depois, como o cara que tinha me escrito, dizendo que deixara de se matar porque me assistiu em uma entrevista qualquer, como aquela família que tinha mudado a vida depois de me ver numa revista.

Era isso que me movia. E não tinha a ver com dinheiro ou reconhecimento público. Tinha a ver com paixão. Com milagres. Com Deus atuando na minha vida e na de tantas pessoas que se abriam para uma vida cheia de esperança e se movimentavam apesar das pedras que existiam no caminho.

Contei sobre os pilares do sucesso – emocionado, lembrando do dia que meu pai tinha me ensinado tudo aquilo, e falei como atitude, comportamento e performance podiam mudar qualquer coisa. As pessoas me olhavam de um jeito que eu sabia que tinha um quê especial. Era daqueles segundos mágicos que sabemos que as coisas vão mudar. Que a chave vai girar. Como tinha girado para mim no momento em que decidi ser palestrante, porque mandei fazer cartões como se eu já fosse, sem nem ter feito uma única palestra.

"Nunca deixe uma coisa que deu errado ontem ser o primeiro assunto do dia de hoje", comentei enquanto uma pessoa fazia uma pergunta. Eu me lembrei de todas as vezes que começara o dia ao lado da Lu, resolvendo pendências, e de como nos livrar desse hábito tinha mudado nossos dias. Era com qualidade que tínhamos resolvido enfrentar aquilo.

"Pense com os recursos à sua volta, resolva os problemas, seja educado, sorria. Seja organizado, escreva o que precisa fazer no dia". À medida que eu ia falando, as pessoas anotavam, sorriam, gravavam, e estávamos chegando ao fim da palestra.

Contei sobre como eu lidava com problemas, que nem sempre eu os passava adiante sem resolvê-los. Que sabia me prevenir, no banco, quando as coisas pareciam difíceis. E que tinha aprendido a pedir ajuda e procurar soluções em grupo.

Contei das pessoas que via ficarem doentes porque comiam lanches diante do teclado ao invés de sair para almoçar. Contei da paciência, que era um dos meus principais recursos na vida e no trabalho. E falei uma das maiores verdades que eu sabia que deveria seguir.

"Seja sempre íntegro e honesto. Fale sempre a verdade".

Comecei a lembrar de fatos da minha vida que tinham me distanciado de pessoas para quem tinham mentido. E de como aquilo me magoava profundamente. Mas ressaltei que somos sempre responsáveis por nosso destino ou fracasso.

"Nós somos meros instrumentos", sentenciei.

Todos estavam em silêncio.

"Temos que ser maior que as muralhas".

Minha voz ficou embargada enquanto eu contava como tinha sido desafiador seguir adiante em alguns sonhos. Como era complexo tentar mergulhar quando muita gente dizia que eu podia me afogar. Como era uma luta ir contra meus medos de surfar quando as pessoas me desencorajavam a ir adiante.

Era uma luta intensa não só contra os meus medos. Era uma luta contra quem eu mais amava. E essas pessoas, que estavam ali para me ajudar, e só queriam meu bem, não se preocupavam com o essencial: preservar meus sonhos.

E meus sonhos tinham sido preservados. Vivos. Comecei a surfar deitado, depois passei a me segurar sozinho. Tudo isso porque eu queria ser feliz. Queria realizar meus sonhos.

A luz baixou. Eu sabia que tinha chegado a hora de terminar meu discurso. Coloquei uma música baixa. As pessoas se ajeitaram em suas cadeiras.

"Pessoal, eu fiz tudo isso para vocês verem que limitação é um conceito que está dentro da cabeça das pessoas, pois fazer ou não fazer uma coisa só depende única e exclusivamente de você. Porque o tempo na nossa vida passa muito depressa.

Quando a gente menos espera, mais um ano se foi. Já estamos na metade do ano, daqui a pouco estaremos no fim do ano. E todo mundo vai parar para refletir no que fez e no que tem que fazer para mudar. Será que a gente tem de esperar o fim do ano para mudar? Eu acho que não.

Cada dia é a oportunidade de fazer a vida do jeito que queremos que ela seja. Podemos fazer um pouco de cada vez- e, acreditem - você vai alcançar os seus objetivos.

Todos nós podemos dar o melhor de nós. Um pouco mais para a família, amigos, amores.

Experimentem se dedicar três vezes mais no seu trabalho, sem pensar em nenhum tipo de recompensa adicional e veja se sua vida não vai começar a mudar.

Existe alguma conquista que você queira alcançar? Hoje é o dia de começar. Precisa perder peso? Hoje é o dia de começar o regime. E não na próxima segunda-feira. Hoje é o dia de transformar sua vida no que você quiser que ela seja.

E a mensagem que eu gostaria de deixar para cada um de vocês é:

Aproveitem a sua vida ao máximo. Tentem passar o maior tempo possível com as pessoas que você ama. Família, amigos. Tente desfrutar os momentos inesquecíveis com eles, pois pode ser que seja a última vez que estejam juntos.

A gente tem de desfrutar cada minuto da nossa vida como se ele fosse o último porque ele realmente pode ser.

Problemas? Todo mundo tem. A diferença é que - um dia - mais cedo ou mais tarde, você vai resolver seus problemas e outros problemas virão. A gente não tem que esperar a ausência de problemas para ser feliz. A felicidade está aí e de graça, nas pequenas coisas.

O que custa na nossa vida são as necessidades

supérfluas que nós mesmos inventamos.

Será que isso é o mais importante?

O que é impossível para você?

As pessoas levantaram, uma por uma, e aplaudiram o discurso. Eu era o menino que tinha nascido e feito o médico desmaiar.

Mas eu também era muito mais que isso. Eu era o que eu quisesse ser.

Marcos Rossi é casado, pai de dois filhos, formado em Direito, trabalha em banco, é integrante da bateria de uma escola de samba, DJ, vocalista de uma banda, surfista, skatista, mergulhador e feliz.

Além de ser um exemplo do potencial humano, garra e superação, Marcos se tornou um palestrante internacional, tendo contribuído com empresas como Sanofi, SulAmérica, Banco do Brasil, Globo, Hard Rock, entre outras.

Impressão: RR Donnelley
Papel: Alta Alvura 75 g/m²